学会表达 懂得沟通

吴学刚 ◎ 编著

德宏民族出版社

图书在版编目（CIP）数据

学会表达　懂得沟通 / 吴学刚编著．－－芒市：德宏民族出版社，2019.11
ISBN 978-7-5558-1306-4

Ⅰ．①学… Ⅱ．①吴… Ⅲ．①心理交往－语言艺术－通俗读物 Ⅳ．① C912.13-49

中国版本图书馆 CIP 数据核字（2019）第 208174 号

书　　名：学会表达　懂得沟通	
作　　者：吴学刚　编著	
出版·发行　德宏民族出版社	责 任 编 辑　思铭章
社　　址　云南省德宏州芒市勇罕街1号	责 任 校 对　尹丽蓉
邮　　编　678400	封 面 设 计　U+Na 工作室
总编室电话　0692-2124877	发行部电话　0692-2112886
汉文编室　0692-2111881	民文编室　0692-2113131
电子邮箱　dmpress@163.com	网　　址　www.dmpress.cn
印　刷　厂　永清县晔盛亚胶印有限公司	
开　　本　145mm×210mm　1/32	版　　次　2019年11月第1版
印　　张　7	印　　次　2019年11月第1次
字　　数　150千字	印　　数　10000册
书　　号　ISBN978-7-5558-1306-4	定　　价　38.00元

如出现印刷、装订错误，请与承印厂联系调换事宜。印刷厂联系电话：13683640646

前　言

美国石油大王洛克菲勒说："假如人际沟通能力也是同糖或咖啡一样的商品的话，我愿意付出比太阳底下任何东西都珍贵的价格来购买这种能力。"由此可见，表达沟通是十分重要的。那些成功者都是会表达懂沟通的人。

表达沟通是人类生存的最基本形式。生活在现代社会中，每个人时刻都要同各种各样的人打交道，与人交往则必须依赖于沟通，因此我们时时刻刻都离不开沟通。沟通无处不在！沟通是桥梁，沟通是纽带，联系着你和我。沟通是人生制胜的法宝，引导我们走向人生的辉煌！

在今天这个人与人交往频繁的现代社会，能说、善说与巧说，更凸显其不可或缺的重要性。一个人的说话水平可以决定他的生活层次。说话水平高的人，口若悬河，谈吐隽永，妙语连珠，言辞得体，谈天说地，可以"天机云锦为我用"；赞美他人能够"良言一句三冬暖"；给人安慰能够

学会表达 懂得沟通

"一叶一枝总关情"……这样的人,往往容易被人尊重,受人欢迎,能赢得他人的友谊、信任、支持和帮助,在事业上也容易获得成功。而说话水平低的人,总是语无伦次、词不达意,就好像"茶壶里煮饺子——肚子里有货,嘴上却倒不出来",也会恶语半句六月寒,一句话能结下一个仇敌……这样的人,就会时时处处感到困窘,容易被人冷淡、遗忘,因此也就必然会给自己的生活和事业带来不利的影响。

表达有方法,沟通有技巧,沟通是一门综合运用智慧的艺术,这就需要我们在日常人际交往中多加学习和培养。在与人沟通当中,针对不同的人,要灵活运用沟通技巧,因地而异,因人而异地展现你的沟通艺术魅力。

你想在朋友中赢得威望吗?你想受到同事的喜欢吗?你想得到领导的赏识吗?你想获得下属的拥戴吗?那就请仔细阅读本书吧,它会帮你练就与人沟通的高超本领。

《学会表达懂得沟通》从实际出发,全方位地介绍了如何批评、如何赞美、如何拒绝等表达沟通技巧。它语言平实易懂、深入浅出、简明实用,可操作性强。摒弃了单纯的理论说教,在理论阐述的基础上重点架构实务操作的平台,便于查找、运用。当您在沟通中遇到了麻烦,不妨采撷其中的片段,帮您快速解决沟通中的问题。当您想系统地学习有效沟通的技巧时,不妨通篇浏览,作为自己的培训手册。无论何种方式,只要您从中受益,那就是我们最大的欣慰。

目 录

第一章 能说会道,不死板的表达艺术

1. 聊天时也要讲方式方法……………………3
2. 逢人只说三分话……………………………5
3. 见什么人说什么话…………………………7
4. 不同场合说不同的话………………………10
5. 用"对不起"化解矛盾……………………13
6. 选好话题很重要……………………………16
7. 打人不打脸,骂人不揭短…………………20

第二章　巧妙批评，不伤人的表达艺术

1. 批评是一门艺术..27

2. 先了解一下对方是怎么想的..........................30

3. 不要直接指出别人的缺点和错误....................32

4. 恰到好处的批评..35

5. 批评前，要先给足面子................................39

6. 批评下属有技巧..42

7. 这样的批评要不得......................................44

第三章　掌控氛围，不冷场的表达艺术

1. 营造良好和谐的谈话气氛............................51

2. 即兴发挥，把控局面..................................54

3. 诚恳的态度可以统帅全局............................56

4. 用热心和诚意来感动人................................61

5. 亲和一点，让谈话更融洽............................65

目　录

6. "吹牛皮"对你没好处·····················68

7. 让你的语言充满深意·····················71

8. 跑题了，及时拉回到主题上来···············75

第四章　真诚赞美，不含蓄的表达艺术

1. 赞美是人际关系的润滑剂···················83

2. 恰到好处地赞扬别人·····················87

3. 赞美是最好的激励棒·····················92

4. 多在背后说人好话······················94

5. 善于从小事上称赞······················98

6. 学会对领导说赞美话····················100

7. 赞美是最值钱的本事····················105

8. 赞美要有尺度··106

第五章 礼貌拒绝，不尴尬的表达艺术

1. 学会拒绝，让生活更轻松……………………………111

2. 委婉的拒绝不伤面子………………………………114

3. 掌握说"不"的技巧………………………………117

4. 拒绝是一种艺术……………………………………120

5. 把"不"大胆地说出口………………………………126

6. 拒绝上司有妙招……………………………………129

7. 拒绝求爱有方法……………………………………131

第六章 迂回委婉，不粗鲁的表达艺术

1. 含蓄说话麻烦少……………………………………137

2. 正话反说，避免尴尬………………………………141

3. 良言一句三冬暖……………………………………143

4. 实话不一定要直说…………………………………145

5. 语言也需要"包装"…………………………………149

6. 善意的谎言是沟通的润滑剂..........................153

7. 难言之时巧开口..................................156

第七章　精准沟通，不啰唆的表达艺术

1. 说话得当，引人入胜..............................165

2. 把话说到对方的心坎上............................168

3. 话不在多而在精..................................172

4. 口无遮拦，往往难成大事..........................176

5. 话要说到点子上..................................178

6. 滔滔不绝并非真正的口才..........................181

7. 有时，装聋作哑胜过滔滔不绝......................185

第八章　把握分寸，不失礼的表达艺术

1. 把解释说得圆满一些..............................191

2. 表达感谢，及时主动..............................193

3. 抬杠是沟通中的绊脚石.................197
4. 闲谈时莫论别人是与非.................199
5. 用得体的安慰平复别人的创伤...........202
6. 争论中永远没有赢家...................205
7. 察言观色，话说有度...................209

第一章 能说会道，不死板的表达艺术

说话是一件容易的事情，但如果想把话说好，就没有那么简单。有些人活了一辈子也没有学会说话。由此看来，把话"说好"是一门学问，也是一门艺术。

1. 聊天时也要讲方式方法

聊天，也称作闲谈，是人们在业余生活中经常运用的交流方式。工作之余，在绿荫下、庭院前、小河边，与亲人、朋友、同事、邻居们聊聊天，调节一下紧张的情绪，也是一种难得的精神享受。

在日常生活中，与人聊天是一种常用的联络感情方式。聊天一般是指没有明确目标的即兴式交谈。跟不同行为、不同辈分的人聊天，往往会得到许多新的信息，甚至使我们触类旁通，使有些久思不得其解的问题一下子豁然开朗。

聊天还有调节心情、愉悦情怀的奇特功效。如果你有什么事愁闷不快的话，通过和熟人聊天，可以一吐胸中闷气，达到开释情怀、平衡心理的作用。

聊天为相识的人之间沟通思想，加深对对方生活、兴趣和经验的了解，提供了交流机会，也为不相识的人之间彼此相识和了解，提供了交际机会。总之，聊天能联结友谊，密切交往，寻找伴侣，协调关系。可以说，聊天是人际交往中不可缺少的手段。

古人有"听君一席话，胜读十年书"的佳句。一次有益的聊天，并不亚于读一篇好文章。所以，与人聊天是一件大快事。但是，聊天要聊出名堂，确有收获，还得费点心思。

一般来说，聊天没有什么明确的目的。但从微观角度来讲，闲聊未必就是"闲"聊，而是有目的的信息和情感交流。带有一定的目的,你就能及时而又恰到好处地发问,随时调整聊天的内容。

要注意选择合适的"聊友"。聊天要做到格调高雅,聊得有水平,善于选择聊友是重要的一环。一般来说,聊友的素质决定了聊天的质量。德国伟大作家歌德,几十年如一日,与其秘书爱克曼每天都要聊会儿,那些天才的机智许多是从闲聊话语中诞生的。他嘲弄世俗,讥讽丑恶,以喷珠吐玉般的格言缀串成令后人惊叹不已的《歌德谈话录》。

当然,现实生活中,不可能每次聊天都有"聊友"在场,所以,选择聊友的圈子不能太小。和水平相当的人,甚至低于己者聊天也不无长进。大可不必囿于己见,拘于一格,而以广开"耳路",泛论群言为好。

选择合适的聊天话题。通常情况下,与学者聊天,可以讲些轻松、幽默的奇闻轶事;与主妇们聊天,可以讲讲市场的行情与子女的教育问题;与老人聊天,可以谈谈养生之道、保健方法,甚至愉快的往事;与青年聊天,可以探讨事业、友谊及一切时髦话题;与孩子聊天,可以讲讲童话、寓言等;与一般人聊天,可以拉拉家常。

一般说,聊天的范围不受限制,这当然不包括庸俗低级、格调低下、无意义、无价值的话题。搬弄是非,贬低他人,也是不可取的。对方的缺点和不喜欢的人或事不应作为聊天的话题。

而且,一般说,聊天不受时间地点限制,但在公众场合聊天,或喜庆时节大谈悲伤之事也是不受欢迎的。

需要注意的是,聊天时,不要提出一些挑战性的问题,免得引起激烈争论,弄得不欢而散。不要自以为是,用教训人的口气说话，如果几个人一起聊天，还要注意让大家都有发言机会。

这样，掌握聊天的规则，能"聊"出的情谊，聊出信息，聊出人生经验。

2. 逢人只说三分话

俗话说："逢人只说三分话，留下七分自己赏。"有些人也许以为大丈夫光明磊落，事无不可对人言，何必只说三分话呢？精于世故的人知道话只说三分，时刻都会为自己留条后路，你一定认为他们是狡猾，是不诚实，其实这是最机智的做法。

孔子曰："不得其人而言，谓之失言。"对方倘不是深相知的人，你也畅所欲言，以快一时，对方的反应是如何呢？你说的话，是属于你自己的事，对方愿意听你唠叨吗？

有生活经验的人，一般都只会说三分话，逢人只需说出三分话，不是不可以说，而是不需要说、不必说、不应该说。这与"事无不可对人言"没有什么冲突。只说三分话，留下七分自己慢慢揣摩、欣赏才是明智之举。

说话前须看对方是什么人，如果对方不是可以尽言的人，你说三分真话，已不为少。

彼此关系浅薄，你与之深谈，显出你没有修养；你说的话涉及对方的事，你不是他的诤友，不配与他深谈，忠言逆耳，显出你的冒昧；你说的话是属于国家大事，你没有搞清对方的立场就高谈阔论，这样更容易招灾惹祸。所以逢人只说三分话，遇事无不可对人言。

由此可见，说话也是一门艺术，话说好了万事好，话说坏了毁前程。所以，在说话前必须考虑清楚，想好了再说，否则，别人会认为你是个有口无脑、缺心少肺之人。

有时你的三分话，正体现了你的职业道德。做医生的人，普通病人的病状，或许可以对人提起；如果是患花柳病的人，你就只字不能对别人提及。这是医生的职业道德。

经办银行业务的人，其业务的大概情形，或许可以对人提及，对于存款人的姓名与存款额，你是绝对不可对别人提起的。这是银行职员的职业道德。

这些例子还有很多。有时你因为不能遵守只说三分话的戒条，酿成大祸，往往使你的精神大受折磨，甚至于蒙受更大的损失。

如果你从事的是机密工作，或者特殊的行业，对人只说三分话，还要局限在重要话题之外。重要话题是一字都说不得的，你说的三分话，应该是风花雪月，应该是柴米油盐，应该是上天入地，应该是稗官野史。总而言之，应该是无关紧要的材料，虽然说得头头是道，兴味淋漓，说得皆大欢喜，其实是言之无物，不会引来什么苦恼。

言有尽而意无穷，有情尽在不言中，告诉别人你话中有话，这就是话说三分、点到为止的艺术，这不失为一种大智慧，既指出对方的错误，又保全了对方的面子，还打动了对方的心。

3. 见什么人说什么话

有一句经典的话这样说："一样的米养百样的人。"从人物性格的多重性、差别性来看，这句话很正确也很实用——在社交中必须要针对不同的人做不同的分析，针对不同的人说不同的话。

常言道，到什么山唱什么歌，见什么人说什么话。一个真正懂得说话的人，不见得字字珠玑、句句含光，但是，他总是能够说出对方想听的话。如果你了解了下面这七种类型的人，就明白了与这些人该怎样说话。

（1）面对死板的人。

这种类型的人，就算你很客气地和他打招呼、寒暄，他也不会做出积极的反应来。他通常不会注意你在说些什么，甚至你会怀疑他听进去没有，你是否也遇到过这种人？和这种人交际，刚开始多多少少会感觉不安，但这实在也是没办法的事。

遇到这种情况，你就要花些时间，仔细观察、注意他的一举一动，从他的言行中，寻找出他所真正关心的事来。你可以随便和他闲聊，只要能够使他回答或产生一些反应，那么事情也就好办了。接下去，你要好好利用此话题，让他充分表达自己的意见。

每一个人都有令他感兴趣、关心的事，只要你稍一触及，他就会开始滔滔不绝地说下去，此乃人之常情，故你必须好好掌握并利用这种人性心理。

学会表达 懂得沟通

（2）面对傲慢无礼的人。

有些人自视清高、目中无人，时常表现出一副"唯我独尊"的样子。像这样举止无礼、态度傲慢的人，实在叫人看了生气，是最不受欢迎的典型。但是，当你不得不和他接触时，你要如何对付他？

对付这一类型的人，说话应该简洁有力才行，最好少跟他啰唆，所谓"多说无益"。因此，你要尽量小心，以免掉进他的圈套里去。

不要认为对方客气，你也礼尚往来地待他，其实，他多半是缺乏真心诚意的。你最好在不得罪对方的情况下，言词尽可能"简省"。

（3）面对沉默寡言的人。

和不爱开口的人交涉事情，实在是非常吃力的；因为对方太过沉默，你就没办法了解他的想法，更无从得知他对你是否友好。对于这种人，你最好采取直截了当的方式，让他明确表示"是"或"不是"，"行"或"不行"，尽量避免迂回式的谈话，你不妨直接地问："对于A和B两种办法，你认为哪种较好？是不是A方法好些呢？"

（4）面对深藏不露的人。

我们周围存在有许多深藏不露的人，他们不肯轻易让人了解其心思，或知道他们在想些什么，有时甚至说话不着边际，一谈到正题就"顾左右而言他"。

双方进行交涉，其目的乃在了解彼此情况，以便任务圆满达成。因此，要经常挖空心思去窥探对方的情报，期待对方露出他的"庐山面目"来。

但是，当你遇到这么一个深藏不露的人时，你只把自己预先准备好了的资料拿给他看，让他根据你所提供的资料，做出最后决断。

人们多半不愿将自己的弱点暴露出来，即使在你要求他供出答案或提出判断时，他也故意装作不懂，或者故意言不及义地闪烁其词，使你有一种"高深莫测"的感觉。其实这只是对方伪装自己的手段罢了。

（5）面对草率决断的人。

这种类型的人，乍看好像反应很快：他常常在交涉进行到最高潮时，忽然做出决断，给人"迅雷不及掩耳"的感觉。这种人多半是性子太急了，因此，有的时候为了表现自己的"果断"，决定就会显得随便而草率。

像这样的人，经常会"错误地领会别人的意图"，也就是说，由于他的"反应"太快，每每会对事物产生错觉和误解。其特征是：没有耐心听完别人的谈话，往往"断章取义"，自以为是做出决断。如此，虽使交涉进行较快，但草率做出的决定，多半会留下后遗症，招致意料不到的枝节发生。

从事交涉，总是要按部就班地来，倘若你遇到上述这种人，最好把谈话分成若干段，说完一段之后，马上征求他的同意，没问题了再继续进行下去，总之你要瞻前还要顾后，如此才不致发生错误，也可免除不必要的麻烦。

（6）面对冥顽不灵的人。

顽强固执的人是最难应付的，因为无论你说什么，他都听不进去，只知坚持自己的意见，死硬到底。跟这种顽固分子交手，是最累人且又浪费时间的，结果往往徒劳无功。因此，在你和他交涉的时候，千万要记住"适可而止"，否则，谈得愈多、愈久，心里愈不痛快。

对付这种人，你不妨及时抱定"早散""早脱身"的想法，随便敷衍他几句，不必耗时自讨没趣。

（7）面对行动迟缓的人。

对于行动比较缓慢的人，最需要耐心。与人交际时，可能也会经常碰到这种人，此时你绝对不能着急，因为他的步调总是无法跟上你的进度，换句话说，他是很难达到你的预定计划的。所以，你最好按捺住性子，拿出耐心，尽可能配合他的情况去做。

此外，应该注意的是：有些人言行并不一致，他可能话语明快、果断，只是行动不相符合罢了。

（8）面对自私自利的人。

这世上自私自利的人为数不少，无论你走到哪儿，总会遇到几个。这种人心目中只有自己，凡事都将自己的利益摆在前头，要他做些于自己无利的事，他是绝不会考虑的。

当我们不得不与其接触、交涉时，只有暂时按捺住自己的厌恶之情，姑且顺水推舟、投其所好。当他发现自己所强调的利益被肯定了，自然就会表示满意，如此，交涉就会很快获致成功。

俗话说：打狗还要看主人。会说话的人都懂得是见什么人说什么话，进什么庙念什么经，这才是说话获得成功的关键所在。

4. 不同场合说不同的话

同样的说话内容，由于场合的不同，说话的方式也应不同。

第一章 能说会道，不死板的表达艺术

只有依据不同的场合，选取最恰当的词语，才能准确地表达自己的思想感情。也只有这样才能把话说得左右逢源，滴水不漏。

有一个笑话，一个叫刘大的人，做50大寿，他想请几个朋友来热闹热闹。生日那天，刘大特地邀请好友张三、李四、王五和赵六来家聚餐。几位朋友都来了，就剩赵六还没有到。酒席已经摆好，大家坐着等赵六。等了好一会儿，总不见赵六来。刘大心里很着急，脱口说出："哎！该来的不来。"话一出口，张三多了心思，他想：既然赵六是该来的没有来，那我就是不该来的了！于是，起身就走了。刘大看到张三走了，连忙说："喂！不该走的又走什么？"李四一听，心想：张三是不该走的，看来我是该走的了。于是也起身便走。刘大见李四走了，两手一摊对王五说："我又不是讲他俩该走。"王五一听，心想：只剩下我一个了，一定是讲我该走了。谁稀罕你这餐饭，请我来，又赶我走，真不够朋友。于是王五也气愤地走了。

刘大这下傻眼了，大声地在后面说："你们怎么都走了？"

刘大的生日没热闹成，反而得罪了朋友，最后，还不明白是怎么得罪的呢！

有的人口齿伶俐，在交际场合口若悬河，滔滔不绝，这固然是不少人所向往的。但如果说话不分场合，说错了话，说漏了嘴，把事情搞砸，那是最不合算的事。所以说话要看场合，要注意以下几种场合的区分：

学会表达 懂得沟通

（1）自己人场合和外人场合。

我国文化传统一向是重视内外有别的。对自己人"关起门来谈话"，可以无话不谈，甚至可以说些放肆的话，什么事都好办。而对外边的人，总怀有戒心，"逢人只说三分话，未可全抛一片心"。

（2）正式场合与非正式场合。

正式场合说话应严肃认真，事先要有所准备，不能乱扯一气。非正式场合下，便可随便一些，像聊家常一样，便于感情交流，谈深谈透。有些人说话文绉绉，有人讲话俗不可耐，就是没有把握好正式场合与非正式场合的界限。

（3）庄重场合与随便场合。

"我特地来看你"，显得很庄重；"我顺便来看你"，有点随随便便看你的意思，可以减轻对方负担。可是，在庄重的场合说"我顺便来看你"就显得不够认真、严肃，会给听话者蒙上一层阴影。在日常生活中，明明是"顺便来看你来了"，偏偏说成是"特地看你来了"，有些小题大做，让对方增加心理负担，对方或许就会因此而不帮助你了。

（4）喜庆场合与悲痛场合。

一般地说，说话应与场合中的气氛相协调。在别人办喜事时，千万不要说悲伤的话；在人家悲痛时，不要说逗乐的话，甚至哼哼民歌小调，别人就会说你这人太不懂事了。

说话有"术"，"能说会道"也是一种本领。古有"一语千金"之说，也有"妙语退敌兵"之事。可见，会说、巧说是何等重要。我们应重视"说"的作用，讲究"说"的艺术。注意语言的学习与积累，针对不同的场合，要选用最得体、最恰当的语言来表情达意，力争获得最佳的效果。

5. 用"对不起"化解矛盾

人孰能无过。在人际交往中，与各式各样的人接触，难免会出现得罪人的时候，因此，人人都需要学会道歉的艺术。诚挚的道歉不但可以弥补破裂了的关系，而且还可以促进彼此心理上的沟通，增进感情，使这种关系变得更为牢固。

在日常生活和工作中，因自己的言行失误而打扰、影响别人，或者令别人造成精神上的伤害或物质上的损失时，都要主动向对方道歉，挽回影响，以便维持你们相互间的友好关系。

小张在广州工作。一天，老总要他将某项目可行性研究报告给上海的同事小李，小张并不认识小李，报告发过去后，小李通过网络问了很多业内人士觉得很可笑的初级问题。当时小张就回话："你还没有入门吧？"结果引发两人之间的言语纷争。小张看小李不懂装懂还极力狡辩，便毫不客气、极尽挖苦，小李气得用英语唾骂小张，结果自然是不欢而止。小张后来生病休养一段时间，上班后老总提起此事，说小李投诉到上海集团公司执行总裁，总裁在小张的老总面前面露难色，对小张表示不满。于是老总吩咐小张在抓好业务的同时，要及时向小李道歉。老总言辞缓和，显露爱才之心，说小李是上海集团公司的一名经理，刚留学归来，被小张这样的小字辈耻笑肯定心中难以平衡，希望小张能予

学会表达 懂得沟通

以理解。小张为有辱老总脸面备感歉意，虽然觉得自己吃亏，还是主动发了一封道歉信给小李。

消除恶感，避免伤害别人的感情，最聪明的办法就是谦逊一点。自己有过失的时候立刻道歉，别人就会给你同情，这就是道歉的神效。倘若我们大家能运用道歉的神效，我们的生活将会减少很多不愉快。

人，孰能无过，我们都需要学会道歉的艺术，扪心自问，看看你是否常常毫不留情地妄下断言，说出伤人的话，牺牲了朋友，自己从中得利。再想想看，有哪几次你诚心地坦然表示歉意。有点惶恐是不是？惶恐的原因在于我们良心不昧，深知即使稍有过失也难免怅然若失，除非知道道歉，否则总是内疚于心。

有些人认为道歉是向别人低头，失去了个人尊严。一味坚持自己的错误，不肯道歉，又何谈尊严呢？

不负责的人不会赢得他人的信赖，不敢道歉意味着不敢对自己的行为负责。

一次语文单元测验，老师误将一位学生答对的题扣了分。卷子发下来，这位学生举起手："老师，您错了，应该向我道歉。品德课上老师就是这么说的。"顿时，教室里一片寂静，老师也愣住了。片刻，这位老师笑着说："是我疏忽了，对不起！"

事后有人问这位老师："你当时不觉得窘迫吗？"他却说："像这样有勇气的学生，很少见，我喜欢。"

第一章 能说会道，不死板的表达艺术

尽管道歉是生活中一个再平常不过的细节，但在我们所见所闻中，作为老师，在学生面前承认自己的错误并诚恳道歉的并不多。因为，道歉对于老师来说，同样承担着"诚信"一落千丈，学生效仿"找茬儿"等风险。但是，那位老师做了，他用勇气呵护了幼小学生心田里刚刚萌芽的道德光芒。

有时我们迟迟不道歉是因为怕碰钉子，这种令人难堪的可能性确是有的，但是不大。原谅别人可以祛除心里的怨恨，而怨恨是戕害心灵的。有谁愿意反复蒙受痛苦和愤怨的折磨？

那么应该怎样进行道歉呢？一般来说有下列几点：

（1）切记道歉并非耻辱，而是真挚和诚恳的表现。伟人也有时道歉。丘吉尔起初对杜鲁门的印象很坏，但后来他告诉杜鲁门说以前低估了他——这句话是以赞誉方式做出的道歉。

（2）除非道歉时真有悔意，否则不会释然于怀，道歉一定要出于至诚。

（3）道歉要堂堂正正，不必奴颜婢膝。你想把错误纠正，这是值得尊敬的事。

（4）应该道歉的时候，就马上道歉，越耽搁就越难启齿，有时甚至追悔莫及。

（5）假如你认为有人得罪了你，而对方没有致歉，你就该冷静应付，不要闷闷不乐，更不要生气。写一封短笺，或由一位友人传话，向对方解释你心里不痛快的原因，并向他说明你很想排除这烦恼。你若能减低对方道歉时的难堪，他往往就会表示歉意，说不定他心里也不好过呢。

（6）你如果没有错，就不要为了息事宁人而认错。这种没有骨气的做法，对任何人都无好处。同时要分辨清楚深感遗憾和必须道歉两者的区别。

（7）假如你想向某人道歉，而且你有对不起他的地方，就应立刻想办法。你该写封信，打个电话，送本书，一盆花草，一盒糖果，或者用其他任何足以表达心意的东西代你做这样的表示："我对彼此的隔阂深感难过，亟望冰释前嫌，甘愿承担部分或全部咎责，并盼你能接纳这点微意以及人间最能化戾气为祥和的三个字，'对不起'。"

6. 选好话题很重要

俗话说得好"一回生二回熟。"若要衡量同陌生人第一次谈话的成败，首先要审视交谈的话题，因为话题的好坏，直接影响了交谈的结果，是交谈的第一要素，不容轻视，更不能忽视。一般情况下，谈话要选择一些容易引起对方兴趣的话题，这样有利于创造一个轻松活跃的谈话氛围，使交谈得以深入、友谊得以发展。

在交际中，我们对每一次交谈的话题都应该精心选择，不应随心所欲、张口就来，若如此，还未进入交谈内容，就已经危机四伏了。

但在具体选择这些话题时，要顾及谈话对象。一个话题，只有让对方感兴趣，谈话才有维持和继续的可能。比如，自己是球迷，就切莫以为别人都是球迷。逢人就谈球赛，遇到对球不感兴趣的人也大谈特谈，让对方感到索然无味、失去兴趣。

现代年轻人的话题总是局限于流行的服饰、时代的潮流等，有的人除了流行以外，对其他的话题都不感兴趣，这种做法已限制了话题的范围。那么怎么才能让自己能成为说话的高手，又怎能成为受人欢迎的人呢？

美国女记者芭芭拉·华特，初遇美国航空业界巨头亚里士多德·欧纳西斯时，见他正与同行们热烈讨论着货运价格、航线、新的空运构想等问题，芭芭拉没法插上一句话。在共进午餐时，芭芭拉灵机一动，趁大家谈论业务中的短暂间隙，赶紧提问："欧纳西斯先生，你在海运和空运方面都取得了伟大的成就，这是令人震惊的。你是怎样开始的？当初你的职业是什么？"这个话题一下扣动了欧纳西斯的心弦，他立即同芭芭拉侃侃而谈起来，动情地回顾了自己的奋斗史。

选择话题，除了注意对方的需求外，还要小心避开对方的禁忌，尽量选择"安全系数大"的话题。每个人除了有若干"禁区"外，还存在"敏感地带"，谈话中都应当小心避开。譬如，不幸者忌谈他遭受不幸的往事，失恋者忌谈爱情与婚姻问题，残疾人的家庭忌谈家中的那位残疾者等等。有时，与医生、律师等专业人士交谈，在他们工作以外的时间里，不宜谈过分具体的专业话题，如什么病该怎么医治，什么纠纷该怎么处理等。同要人交谈，往往忌谈政治、宗教和性的问题。对于一些很难处理的"敏感话题"，一般要尽量避而不谈。

某文艺编辑曾讲过一段故事。他邀一位名作家写稿，该作家非常难合作，各报社的编辑对他大伤脑筋。因此，这个编辑在见面前也相当紧张。

一开始果不出所料，各说各的，怎样都谈不拢。闹得编辑很是头痛，只好打定主意，改天再来。

这一次，编辑把几天前在一本杂志上看到有关作家近况的报道搬出来，并说："您的大作最近要翻译成英文，在美国出版了。"作家见对方如此关心自己，就很感兴趣地听下去。编辑又说："您的风格能否用英文表现出来？"作家说："就是这点令我担心……"他们就在这种融洽气氛中继续谈下去。

本来已不抱希望的编辑，此时又恢复了自信，获得了作家答应写稿的允诺。

我们可以看出，在交谈中处于劣势的一方常常是寻找话题的责任者。例如，在求人办事的过程中，求人者需要仔细挑选交谈的话题；在谈生意的过程中，希望合作的一方则有选择交谈话题的义务；至于在情侣的交谈场合中，往往会听到男人喋喋不休地谈论这种或那种事，而单位如何如何，通常是最常见的话题。那么，如果这对恋人是在同一个单位服务的话，这倒是个很不错的话题；否则，一定会使女方觉得无味。例如，假若男方是在汽车保养场工作，于是他一直谈着汽车零件或机械构造方面的事，那一定会使女性听得发呆，而不知应从何答起。

因此，聪明的男人应该站在关怀对方的立场去和对方交谈，尤其是采取主动的男人更应该注意，无论如何，关怀对方总会令对方觉得愉快。另一方面，作为被动的一方，女性对于不懂的话题，也不要显出漠不关心的样子。虽然，这是个很不好应付的场面，但原则上，只要你对每一件事都具有强烈的好奇心，那应该就不会有不感兴趣的话题出现才对。

在公园，许多青年男女伫立在那里。他们中间有不少人是等待与情侣相会的，有两个擦鞋童，正高声叫喊着以招徕顾客。

其中一个说："请坐，我为您擦擦皮鞋吧，又光又亮。"

另一个却说："约会前，请先擦一下皮鞋吧？"

结果，前一个擦鞋童摊前的顾客寥寥无几，而后一个擦鞋童的喊声却收到了意想不到的效果，一个个青年男女都纷纷让他擦鞋。

两个擦鞋童为什么生意会不同呢？

听到第一个擦鞋童的话，尽管他的话礼貌、热情，并且附带着质量上的保证。但这与此刻青年男女们的心理差距甚远。因为，在黄昏时刻破费钱财去"买"个"又光又亮"，显然没有多少必要。人们从这儿听出的印象是"为擦鞋而擦鞋"的意思。

而第二个擦鞋童的话就与此刻男女青年们的心理非常吻合。"月上柳梢头，人约黄昏后"，在这充满温情的时刻，谁不愿意以干干净净、大大方方的形象出现在自己心爱的人面前？一句"约会前，请先擦一下皮鞋，"说到了青年男女的心坎上。可见，这位聪明的擦鞋童，正是传送着"为约会而擦鞋"的温情爱意。

19

总结起来，一般而言，以下几种话题，容易引起大家的谈话兴趣：

（1）与谈话者自身利益密切相关的话题；

（2）与谈话者兴趣、角色相关的话题；

（3）具有权威性的话题；

（4）新奇的话题；

（5）某些特殊的话题；

（6）社会和他人禁锢、保密、敏感的话题。

在与陌生人打交道中，你跟人交谈时是如何选择话题的，不妨为自己打打分。

7. 打人不打脸，骂人不揭短

中国人有句俗话，叫"打人不打脸，骂人不揭短"。没有一个人愿意让别人知道自己的短处，所以，在与人相处时，即便是为了对方或是为了大局必须指出别人缺点时，也要讲究策略和方法。否则，达不到你的目的，这也是做人的一种手段。

我们每个人都会有缺陷、弱点，这也许是生理上的，也许是隐藏在内心中的不堪回首的经历。尤其是在生理上的缺陷，本人无法去改变它，而且内心也许常为此懊恼。不可以拿对方的缺陷来开玩笑，就算为自己的利益着想，也不应去触痛别人的"疮疤"。因为对任何人来说，被击中痛处，都会引起不快。

第一章 能说会道，不死板的表达艺术

明太祖朱元璋出身贫寒，做了皇帝后，自然少不了有昔日的穷亲戚朋友到京城找他。他们以为朱元璋会念在旧情，给他们个一官半职，可他们不知道，朱元璋最讨厌别人揭他的老底，认为那会损害他的威信。有位朱元璋儿时一块光屁股长大的好友，千里迢迢从老家凤阳赶到南京，几经周折总算进了皇宫。一见面，这位老兄便大嚷起来："哎呀，老四，你当了皇帝可真威风呀！还认得我吗？当年咱俩可是一块儿光着屁股玩耍，你干了坏事总是让我替你挨打。记得有一次咱俩一块偷豆子吃，背着大人用破瓦罐煮。豆还没煮熟你就先抢起来，结果把瓦罐都打烂了，豆子撒了一地。你吃得太急，豆子卡在嗓子眼儿还是我帮你弄出来的。怎么，不记得啦！"这位老兄喋喋不休唠叨个没完，朱元璋早已坐不住了，心想，这个人太不知趣了，竟然在文武百官面前揭我的短，让这个当皇帝的脸往哪儿搁。盛怒之下，朱元璋下令把他杀了。

这位朋友之所以落了脑袋，就是因为他揭了身为天子的短，所以，他人头落地也就不足为奇了。

要做到待人处世不揭人之短，就要了解对方的长处，也了解对方的不足。这样才能"知彼知己，百战不殆"。因为每个人都会有自己的个性和习惯，有自己的需求和忌讳，弱国对交际的对象一无所知，那么交际起来，就难免会有困难，也极容易走入"雷区。"

有时候，对方的缺点和错误无法回避，必须直接面对，当你指出对方的缺点和不足时，要顾及场合，别伤对方的面子。这时

就要采取委婉含蓄的说法，淡化矛盾，避免发生冲突。尤其是要注意"避人所忌"，面对别人在生活中遇到某些不尽如人意的事时，最好不要主动引出这些有可能令对方尴尬的话题。

随随便便说人家的短处，或揭发别人的隐私，不仅有碍别人的声望，且足以表示你为人的卑鄙。首先你要明白，你所知道关于别人的事情不一定可靠，也许还有另外许多隐情非你所了解的，你若贸然拿你所听到的片面之言宣扬出去，这样非常容易颠倒是非，混乱黑白，传出去就收不回来，事后你明白了全部真相时，你还能更正吗？比如说：王某借李某的钱不肯还，真是岂有此理。昨天你对这个朋友说，这话是从李某那里听来的，他当然把自己说得头头是道，人们都觉得自己是对的，你明白了人性的弱点，你就不会诋毁王某，因为，你若有机会见得王某，他也许会告诉你，他虽然借了李某一笔钱，但有一张借契押在李某手里，因房产跌价，到期款未还清，只好延长押期，而李某则急于拿回现款，王某一时无法付清，则再写借据说明若房产因环境关系跌价时，得延长押期，至李某将该款全数收回为止。所以，不能说他是赖债。由此看来，双方皆有理由。

人世间的关系大半是非常复杂的，若不知内幕，就不宜胡说八道。社会上总有那么一些人，专好兴波助浪，把别人的是非编得有声有色，夸大其词地逢人就说。世间不知有多少悲剧由此而生，相信你不会做这种人。偶然谈论别人的短处，也许无意中就为别人种下悲剧恶果，而恶果的滋长到什么程度，是非你所能预料的。对你无益，对人有损。

要是有人向你说某某人的短处时，你唯一的办法是听了就忘了，像别人告诉你的秘密一样，谨应避人之金口，不可做损人的传声筒,并且不要深信片面之词,更不必记在心上。谈论别人,不可就片面的观察就在背后批评别人,除了这批评是有益于人。说一个坏人的好处,旁人听了以为你是无知。把一个好人说坏了,那就不仅是损害自己的品德问题了。

那么,怎么才能做到在做人处世中尽量不揭人之短,给人保留面子呢?

第一,必须知晓对方,做到既了解对方的长处,也了解对方的不足。这样才能在交际中做到"知己知彼,百战不殆"。

第二,要善于择善弃恶。在做人处世中要多夸别人的长处,尽量回避对方的缺点和错误。"好汉愿提当年勇",又有谁愿意提及自己不光彩的一页呢?特别是如果有人拿这些不光彩问题来做文章,就等于在伤口上撒盐,无论谁都是不能忍受的。

第三,指出对方的缺点和不足时,要顾及场合,别伤对方的面子,尤其注意不要在对方下属或家属面前批评对方。

第四,巧给对方留面子。有时候,对方的缺点和错误无法回避,必须直接面对,这时就要采取委婉含蓄的说法,淡化矛盾,以免发生冲突。而在现实待人处世中,我们周围许多人说话往往太过于直接,结果好心办了坏事。

尊敬别人,是谈话艺术必须的条件。伤害对方,只不过是逞一时之强,得一时之快,这样对于别人和自己都没有好处。如果不想别人损害你的尊严,那么你也不可损害别人的尊严。随随便便说人家的短处,或揭发别人的隐私,不仅有碍别人的声望,也可表示出你为人的卑鄙。

第二章 巧妙批评，不伤人的表达艺术

想批评人还不得罪人是很难做到的事，所以一个做事得体的人不会轻易指责别人，除非迫不得已。批评绝对是一门口才艺术，适度的批评能达到批评的最好效果。批评也要看对方的性情如何，因人而异，选择不同的批评方式。

第二章 巧妙批评,不伤人的表达艺术

1. 批评是一门艺术

记得读过陶行知先生的这么一个故事:

在他当校长的时候,有一天,他看到一位男生用尺子打同学,便将其制止,并让他到校长室去。陶先生回到办公室的时候,男生已经在那里等候了。陶先生掏出一颗糖给男生:"这是奖励你的,因为你比我先到办公室。"接着又掏出一块糖:"这也是给你的,我不让你打同学,你立即住手了,说明你很尊重我。"男生将信将疑地接过糖果。陶先生又说:"据我了解,你打同学是因为他欺负女生,说明你很有正义感,我再奖你一块糖。"这时,男生哭了:"校长,我错了,同学再不对,我也不能采取这种方式。"陶先生又掏出一块糖:"你已经认错了,我再奖你一块。我的糖发完了,我们的谈话也结束了。"

陶行知先生的做法让我们悟出一个道理:批评是一种艺术。在开展批评时,一定要讲究方式、方法,否则难以达到预期效果。那么,采取什么样的批评方式才会取得好的效果呢?

(1)体谅对方的情绪,取得对方的信任。

这是使批评达到预期效果的第一步。"心直口快"作为人的一种性格来说,在某些方面的确可体现出它的优点,但在批评他人时,"心直口快"者往往不能体谅对方的情绪,图一时"嘴快"，随口而出，过后又把说过的话忘了，而在被批评者的心理却蒙上了一层阴影、也失去了对批评者的信任。所以当你在批评他人时，不妨学会从别人的角度来看问题，设身处地站在对方的立场考虑一下，自己是否能接受了这种批评。如果所批评的话自己听来都有些生硬，有些愤愤不平，那么就该检查一下措辞方面有何要修改之处。

另外，也要考虑场合问题。不注意场合的批评，任何人都不会接受。

（2）诚恳而友好的态度。

批评是一个敏感的话题，哪怕是轻微的批评，都不会像赞扬那样使人感到舒畅，而且，批评对象总是用挑剔或敌对的态度来对待批评者。所以，如果批评者态度不诚恳，或居高临下，冷峻生硬，反而会引发矛盾，产生对立情绪，使批评陷入僵局。

因此，批评必须注意态度，诚恳而友好的态度就像一剂润滑剂，往往能使摩擦减少，从而使批评达到预期效果。

（3）用含蓄的批评来激励对方。

英国18世纪著名评论家约瑟·亚迪森曾说："真正懂得批评的人看重的是'正'，而不是'误'。"这里所说的"正"，实际上就是隐恶扬善，从正面来加以鼓励，也就是一种含蓄的批评，能使批评对象不自觉地改正自己的错误和缺点。可以说从正面鼓励对方改正缺点、错误的间接批评方法，比直接批评效果会更快、更好。因为这种批评方法易于被对方接受，从而产生良好的效果。

在开展批评时，还有几个问题务必引起注意。

（1）就事论事，勿伤及人格。

第二章 巧妙批评，不伤人的表达艺术

批评他人，有什么问题就说什么问题，切勿把"陈谷子烂米糠"统统翻出来，纠缠在一起，算总账。这样做，只能引起对方的反感。而揭对方的疮疤，甚至伤害其人格，则最容易引起对方的愤怒，应绝对避免。

（2）具体明确，勿抽象笼统。

在批评他人之前，先要明确是应该就哪件事或事情的哪个方面进行批评，那么就以事实为基础，越具体明确越好。抽象笼统，"一竿子打死一船人"，别人就难以弄懂你的意思。

（3）语气亲切，勿武断生硬。

有什么样的态度就有什么样的用语。如果态度诚恳，语气也必定会亲切，让人听了心里舒服；如果态度生硬，自以为是，别人也就不会买你的账。有的人批评人时总喜欢用"你应该这样做……""你不应该这样做……"，仿佛只有他的看法才是正确的，这种自以为是的口吻只会引起人的反感。

（4）建议定向，勿言不及义。

批评和建议是紧密联系在一起的，批评的主要目的是希望对方能改正缺点、错误，从而向正确的方向发展，所提的建议当然应该是为对方指出方向。但有的人提的建议不具体，让人糊里糊涂，弄不明白。如有客人要来家吃饭，妻子对丈夫说："你能不能不要老在那看报？"不如说："你能不能帮我摆好桌椅、碗筷，客人就要来了。"这样就从另一个角度婉言批评了丈夫的懒惰，同时给他指明了改正的方向。

2. 先了解一下对方是怎么想的

　　指责别人而不顾对方的看法，就是把你的意见强加到别人身上。这样谈话建立的基础就非常不平等，对方自然不会服你。要想使批评真正发挥作用，就应先了解一下别人是怎么想的，让对方讲述自己的看法。

　　如果你不同意他的看法，你也许会很想打断他的讲话。但不要那样，那样做很危险。当他有许多话急着说出来的时候，他是不会理你的。因此你要耐心地听着，抱着一种开放的心胸，要做得诚恳，让他充分地说出他的看法。

　　尽量让对方讲话，不但有助于处理商务方面的事情，也有助于处理家庭里发生的矛盾。

　　　芭贝拉·魏尔生和他女儿洛瑞的关系快速地恶化下去，洛瑞过去是一个很乖、很快乐的小孩，但是到了十几岁却变得很不合作，有的时候，甚至于喜欢争辩不已。魏尔生太太曾经教训过她，恐吓过她，还处罚过她，但是一切都收不到效果。

　　　一天，魏尔生太太放弃了一切努力。洛瑞不听她的话，家事还没有做完就离家去看她的女朋友。

　　　在女儿回来的时候，魏尔生太太本来想对她大吼一番。但是她已经没有发脾气的力气了。魏尔生太太只是看着女儿并且伤心地说："洛瑞，为什么会这样？"

第二章 巧妙批评，不伤人的表达艺术

洛瑞看出妈妈的心情，用平静的语气问魏尔生太太："你真的要知道？"

魏尔生太太点点头，于是洛瑞就告诉了妈妈自己的想法。开始还有点吞吞吐吐，后来就毫无保留地说出了一切情形。

魏尔生太太从来没有听过女儿的心里话，她总是告诉女儿该做这该做那。当女儿要把自己的想法、感觉、看法告诉她的时候，她总是打断她的话，而给女儿更多的命令。

魏尔生太太开始认识到，女儿需要的不是一个忙碌的母亲，而是一个密友，让她把成长所带给她的苦闷和混乱发泄出来。过去自己应该听的时候，却只是讲，自己从来都没有听她说话。

从那次以后，魏尔生太太想批评女儿的时候，就总是先让女儿尽量地说，让女儿把她心里的事都告诉自己。她们之间的关系大为改善。不需要更多的批评，女儿再度成为一名很合作的人。

使对方多多说话，试着去了解别人，从他的观点来看待事情，就能使你得到友谊，减少摩擦和困难。

记着，别人也许完全错误，但他并不认为如此。因此，不要责备他。试着去了解他，只有聪明容忍、特别的人才会这么做。

别人之所以那么想，一定存在着某种原因。查出那个隐藏的原因，你就等于拥有解答他的行为、也许是他的个性的钥匙。

试着忠实地使自己置身于他的处境。如果你对自己说："如果我处在他的情况下，我会有什么感觉，有什么反应？"那你就

会节省不少时间及苦恼。

奥斯特洛夫斯基说过:"批评,这是正常的血液循环,没有它就不免有停滞和生病的现象。"我们每一个人都不是生活在真空里,就像我们身上要沾染许多病菌一样,在我们的思想意识和言谈行为上,也会不可避免地出现一些缺点、错误,积极开展批评,才能使我们保持身心健康。但是,在开展批评时,一定要讲究方式、方法,这里也有艺术性。否则难以达到预期效果。

缺点每个人都有,只有认识到自己的缺点才有可能进步。自己认识不到就得靠别人来帮助,这就是批评的价值所在。所以,批评人就像被批评一样,让对方认识到批评的价值才不会使批评走向误区。

3. 不要直接指出别人的缺点和错误

直接指出别人缺点与错误往往会面对困境,最好的办法就是不要直接面对,拐弯抹角地指出往往效果最佳。

我国古时候,有一个县官很喜欢附庸风雅,尽管他画画技艺不佳,但兴致很大。他画的虎不像虎,反而像猫,并且,他还每画完一幅作品,都要在厅堂内展出示众,让众人评说。大家只能说好话,不能说不好听的话,否则,就要遭受惩罚,轻则挨打,重则流放他乡。

有一天,县官又完成了一幅"虎"画,悬挂在厅堂,又召集全体衙役来欣赏。

第二章 巧妙批评，不伤人的表达艺术

"各位瞧瞧，本官画的虎如何？"

众人低头不语。县官见无人附和，就点了一个人说：

"你来说说看。"

那人战战兢兢地说：

"老爷，我有点怕。"

县官："怕，怕什么？别怕，有老爷我在，怕什么？"

那人："老爷，你也怕。"

县官："什么？老爷我也怕。那是什么？快说。"

那人："怕天子。老爷，你是天子之臣，当然怕天子呀！"

县官："对，老爷怕天子，可天子什么也不怕呀！"

那人："不，天子怕天！"

县官："天子是老天爷的儿子，怕天，有道理。好！天老爷又怕什么？"

那人："怕云。云会遮天。"

县官："云又怕什么？"

那人："怕风。"

县官："风又怕什么？"

那人："风又怕墙。"

县官："墙怕什么？"

那人："墙怕老鼠，老鼠会打洞。"

县官："那么，老鼠又怕什么呢？"

那人："老鼠最怕它！"那人指了指墙上的画。

差役没有直接说县太爷画的虎像猫，而是从容周旋，借题发

33

学会表达 懂得沟通

挥,绕弯子似的达到了批评的目的。

下面,罗克的这种批评方式也值得效法。

多年来,罗克常到离家不远的公园中散步和骑马,以此作为消遣。罗克非常喜欢橡树,所以每当看到公园里的一些橡树被烧掉时,他就十分痛心。这些火差不多都是由到园中野炊的孩子们造成的。有时火势很凶,必须叫来消防队才能扑灭。

公园的角落里有一块牌子,警告人们不要在公园玩火,违者罚款。但由于牌子在角落里,很少有人看见它。公园里有一个警察负责骑马巡逻,但他对自己的工作不太认真,火灾仍然时常发生。

有一次,罗克又看到公园失火,就急忙跑去告诉警察快叫消防队,可没想到那家伙却说那不是他的事,罗克非常失望,于是以后再到公园里散步的时候,就担负起了保护公园的义务。当他看见树下起火时就非常生气,急忙上前警告那些野炊的孩子们,用威严的辞令命令他们把火扑灭。如果他们不听,就会恐吓要把他们交给警察。就这样,罗克只是按照自己的想法去做,只是在发泄自己的情感,全然没有考虑孩子们的感觉。

结果呢,那些儿童怀着一种反感的情绪暂时遵从了。等罗克转过身去的时候,他们又生起了火堆,并恨不得把整个公园烧尽。

随着时间的推移,罗克逐渐懂得了与人相处的道理,知道了怎样使用说话的技巧。于是他不再发布命令,甚至恐吓。而是说："孩子们,玩得高兴吗?你们在做什么晚餐?我小时候,也很喜欢生火,直到现在我仍然很喜欢,但你们知道在公园里生火是很危险的吗?我知道你们几个会很小心,但别的孩子就不一样了。他们来了也会学着你们生火,回家的时候却又不把火扑灭,这样就会烧掉公园里的所有树木。如果我们再不谨慎的话,我们就不会再看到这里的树木了。因为在这里生火,还有可能被警察抓起来。我不干涉你们的兴致,我很愿意看到你们开开心心的,但我想请你们在离开时,把火用土埋起来,并把火堆旁边的干枯树叶拨开,好吗?你们下次来公园玩时,可不可以到山丘的那一边,就在那沙坑里点火,那样就不会有任何危险了。多谢了,孩子们,祝你们玩得快乐。"

罗克把批评的话说软,孩子们听了之后都很愿意接受。罗克的批评方式为孩子们保全了面子,双方的感觉都很好,因为罗克在处理这件事时,完全掌握了批评的"软"技巧。

4. 恰到好处的批评

批评的前提是事实清楚,责任分明,有理有据。无凭无据地批评别人,其结果只能给人留下"蓄意整人"的坏印象。在没有实施批评之前,一定要细致调查、搞清事实,不能听风就是雨,这样极容易使自己处于被动局面。

批评是一种艺术,也具有一定的技巧。批评别人而要让他口服心服，就要运用一定的技巧。批评和责备不等于劈头盖脸乱骂一通，批评、责备用得好便可收到良好的效果，否则就有可能发生激烈的冲突。那么，怎样才能做到恰到好处呢？

下面几点可做参考：

（1）请教式批评。

即用请教的口气包含批评的意思，给个台阶让别人下。

> 有个人正在养鱼池里钓鱼。这时，鱼池的主人走了过来。那人心里一惊，糟了，这下不但要挨骂，恐怕还要受处罚！谁知，鱼池主人走近后，指了指池中"禁止钓鱼"的牌子，不仅没有教训他，反而很客气地说："先生，你在这试钩，是不是太浪费了？"
>
> 那人面红耳赤，连忙道歉，收起钓竿走了。鱼池主人把批评变成了请教，既达到了目的，又维护了对方的自尊，使对方心服口服，制止了他的不道德行为。

（2）暗示型批评。

即不从正面提出批评，而是采取隐晦、含蓄的方法把批评的意思暗藏在谈话之中，巧妙地向对方发出某种暗号，让被批评者自己去理解并接受，使他改变自己的行为。

> 某公司总经理的助理欧贝和他的女友莎拉决定旅行结婚，准备到风光旖旎的瑞士去度蜜月。
>
> 他正在为计划做准备的时候，总经理问他："你们已经决定要旅行结婚了吗？"

第二章 巧妙批评，不伤人的表达艺术

欧贝说："决定了。"

"真心祝福你们，什么时候出发呀？"

欧贝高兴地说："就这几天吧！"

总经理又无奈地说："唉！公司正要与一个客户谈判并签订一份重要的合约，你是唯一的谈判人选，而且你一向都是以公司大局利益为重的，不巧的是公司签约跟你个人的喜事凑到了一块，你要是走了，公司签约的事还真没有人能替代呀！"

在这个对话中，双方都有理由，欧贝与女友旅行结婚已经决定，无可非议，总经理有一个重要合约要签订，唯一的谈判人选又不能离开。公司总经理无法批评助手欧贝，但在强调欧贝的谈判地位时就暗中含有批评之意，当然也含有期望。

聪明的欧贝不会不了解，而结果不说大家也知道。

（3）安慰型批评。

即一面指出对方的错误，另一面又对他表示肯定的批评，让犯错者得到真正的安慰。

年轻的莫泊桑向著名作家布耶和福楼拜请教诗歌创作。两位大师一边听莫泊桑朗读诗作，一边喝香槟酒。布耶在听完后说："你这首诗，句子中的意象过多，虽然不易理解，像吃一块牛蹄筋，不过我读过更坏的诗，这首诗就像这杯香槟酒，勉强才能吞下去。"

这个批评虽严厉，但仍留有余地，给了对方一些安慰。把批

评的语言用安慰的形式表现出来，这就是批评语言的诀窍。

（4）模糊式批评。

用模糊的言辞替代直截了当的批评，虽没有指名，但实际上已道了姓。

某公司职员工作一度十分松懈，公司经理便召开职员大会进行"整顿"。

经理说："最近这段时间，本公司职员工作态度大多数是好的，但也有少数人表现不佳，有的迟到，有的早退，有的上班聊天……"这里所使用的"大多数""也有""有的"，都是模糊的语言。用这种语言，既顾及了职员的面子，又指出了存在的问题，这种不指名的模糊式批评，效果比直接点名批评要好得多。

（5）旁敲侧击型批评。

即在指责别人时，不从正面直接说明，而是从侧面刺激，当发现苗头不对，由于某种原因又不便正面指出时，便可通过"对事不对人"的方式提出警告。这样既可以点出问题让对方心生警惕，又维护了对方的面子，给他们改正的机会。"旁敲侧击"作为一种间接表达方式，从交际的角度出发，它同样可以具有一定的使用价值。

在为人处世中，若你不得已要对别人提出批评，一定要委婉地说出，用协商式的口吻而非命令的语气来批评别人，就事论事。要明白，批评的是对方的行为，而不是对方的人格。

5. 批评前，要先给足面子

心理学的研究表明，谁都不愿把自己的错处或隐私在公众面前曝光，一旦被人曝光，就会感到难堪或恼怒。因此，在交际中，如果不是为了某种特殊需要，一般应尽量避免触及对方所避讳的敏感区，避免使对方当众出丑。必要时可委婉地暗示对方已知道他的错处或隐私，给他造成一种压力。但不可过分，只需点到而已。

楚庄王十分钟爱他的一匹马，但这匹马因过于养尊处优，因肥胖而死。庄王命令全体大臣为死马致哀，并要用一棺一椁装殓，按大夫的礼节举行葬礼。百官纷纷劝阻，庄王大动肝火，下令谁再劝阻，定判死罪。

宫中有个叫优孟的人，进宫号啕大哭。庄王问他哭什么，优孟说："这匹马是大王最心爱的马，以楚国之大，什么东西弄不到！现在却只以大夫的葬礼来办丧事，实在太轻慢了！我请求用君王的礼仪来埋葬。"

楚庄王一听甚为高兴，便问："依你之见，怎么个埋葬法呢？"

优孟说："最好以雕琢的白玉做棺材，以精美的梓木做外椁。还要建造一座祠庙，放上牌位，追封它为万户侯。这样天下的人就知道，大王是轻贱人而贵重马了。"

楚庄王一听，如梦方醒，说："我的过错竟到了这种地

学会表达 懂得沟通

步！"

　　优孟说服楚庄王别葬马，不是直言相阻，而是以退为进，先消除了庄王的对抗情绪和排斥心理，最后取得了胜利。

　　下面这个故事开展的批评手腕更妙，既给他面子，也挽回了经济损失。

　　有一家著名的大酒家，一位外宾吃完最后一道茶点，顺手把精美的景泰蓝食筷悄悄"插入"自己的西装内衣口袋里。服务小姐不露声色地迎上前去，双手擎着一只装有一双景泰蓝食筷的绸面小匣子说："我发现先生在用餐时，对我国景泰蓝食筷颇有爱不释手之意。非常感谢您对这种精细工艺品的赏识。为了表达我们的感激之情，经餐厅主管批准，我代表本店，将这双图案最为精美并且经严格消毒处理的景泰蓝食筷送给您，并按照大酒家的'优惠价格'记在您的账簿上，您看好吗？"

　　那位外宾当然会明白这些话的弦外之音，在表示了谢意之后，说自己多喝了两杯"白兰地"，头脑有点发晕，误将食筷插入内衣袋里。并且聪明地借此"台阶"，说："既然这种食筷不消毒就不好使用，我就'以旧换新'吧！哈哈哈。"说着取出内衣里的食筷恭敬地放回餐桌上，接过服务小姐给他的小匣，不失风度地向付账处走去。

　　即便是手下人犯了错误，你不得不批评他，在批评的时候也要言之有理。既要坚持原则性，又要以理服人，切不可口出恶语，挖苦讽刺，侮辱人格。同时要做到情理结合，情真理切，特别是对落后者的批评，更要注意亲近他们，满腔热情地帮助他们进步，才能收到好的效果。一般情况下，有以下几个方面需要把握：

（1）不怒发冲冠，允许申辩。

批评和发脾气不是一回事。发脾气有时不但无助于批评的效果，往往还会把事情搞僵。员工做了错事，或说了错话，你难免会生气，生气归生气，做上级的总要有气度和涵养，要能够把握自己的情绪，批评时千万不要声嘶力竭。

（2）实事求是，不恶语相向。

批评宜以理服人，摆事实，讲道理。你一味地挖苦诬蔑，或者以对方的缺陷为笑柄，过分地伤害人的自尊，往往会适得其反。对方一旦产生抵触，就很可能以其人之道还治其人之身。

（3）轻重有度，不一棍子打死。

批评应就事论事，一就是一，二就是二，哪儿疼就治哪儿的病，而不能夸大其词，借机整人。不能因一时一事的失误，就将人的过去全盘否定，或形成限定印象，觉得此人"朽木不可雕也"，更不能当面断定此人"不可救药"。

（4）讲究方法，不仗势欺人。

个别上级如果和下属发生口角，气头上的口头语是："听你的，还是听我的？""这样做谁说了算？"他们不是平心静气地批评，而是用扣奖金、扣工资、调离岗位等手段相威胁；不是以理服人，而是仗势压人，仗势欺人。这样做的结果，常常是压而不服，还结下了心病。

说服别人讲究方法和掌握分寸是非常重要的，当对方犯错误的时候，说服更要顾及对方的脸面，这样对方会更容易接受你的教诲。

6. 批评下属有技巧

作为一名领导在批评自己的部下时，一定要讲究一些方法，因为批评部下不是一件轻松的事情，有的时候会令那些缺乏管理知识水平和缺乏管理经验的领导人感到有点无所适从。但在公司里每个人都会有犯错误的时候，批评也是一种艺术；假如作为一名管理层的人员不懂得怎样批评自己的下属，这样很有可能就会降低自己的工作效率，更有甚者还会影响到整个团队的工作情绪。因此，作为领导在批评下属时要注意以下几点：

（1）搞清事实再批评。

正确批评的要求是先搞清出错的原因。有些管理人员由于一时激动，不分黑白直截了当地对下属进行批评，反而忽略了应该对客观事情本身做出全方位的调查与研究。

（2）批评方式要妥当。

批评部下的时候有很多种批评方式，然而，这"很多种批评方式"一定要依据当事人或事情的大小做出适当的选择与分析。比如性格内向的部下很在乎别人对自己的评价，对于这样的部下可以采取以鼓励为主、委婉的批评方式，对于那些生性固执或是自我感觉很好的员工，可以直截了当地告诉他犯了什么错误，对于这样的部下可以采取对他进行提醒的批评方式。如果有更严重的错误，就应该采取正式的、公开的批评方式；对于那些出错较

第二章 巧妙批评，不伤人的表达艺术

轻的部下，只在私下里对他说出错误的原因就可以了。

（3）下属出错原因在批评前要弄清。

尽管有的领导人认为自己已经清楚地了解了事情的原因以及真相，但在批评部下的时候还是要认真倾听部下对事情做出的解释。这样做有利于领导人能够清楚地认识到自己的部下是否已经知道错在哪里了，这样更有利于领导人做出更进一步的批评。如果出错的这位部下在悄然间讲出一些情况，领导人没有证据能够证实这些问题，那么应当立刻结束批评，稍后再做更进一步的详细调查了解。

（4）不要大发脾气。

或许有的时候自己的下属所犯的错误会使领导人特别的生气，但是作为领导人无论怎样也不能在批评部下时大发脾气。因为这样做的最终结果会使领导人在自己的下属面前失去领导人的威信，同时还会造成部下对他有成见。

（5）不能对人不对事。

尽管说事情都是人做出来的，但是作为领导人在批评自己的部下的时候，一定尽量不要针对某个人，要对事。只有这样才有可能使你的部下对你没有什么成见。"对事不对人"这样不仅容易使你的部下客观地认识自己的问题，真正心服口服，而且还有一层意义：这样做还能在部门内部形成一个公平竞争的工作环境，可以使你的部下不再为了自己的利益而产生拍马屁的想法。

（6）不要威胁下属。

威胁部下容易使部下产生这样一种感觉：仗势欺人。同时这样很有可能造成领导人与部下之间的对立。这种对立会大大地伤害部门内部的团结合作。

43

学会表达 懂得沟通

总之,批评是一门艺术,也是一门领导管理艺术。所以,批评人要讲究批评的语言和技巧,也只有这样才能达到更好的批评效果。

7. 这样的批评要不得

批评必须有度,轻了达不到改正错误的结果,重了会使对方受到严重的伤害,甚至产生反作用。领导者只要不触犯批评别人的大原则,批评就会发挥应有的作用。

要使批评能被人接受,就要讲究方法和艺术,而以下的批评方法是要不得的。

(1)无凭无据,捕风捉影。

批评的前提是事实清楚,责任分明,有理有据。但是,在现实中常常见到有的领导批评他人时,事先不调查,不了解,只凭一些道听途说,或者只凭某个人打的"小报告",就信以为真,就去胡乱批评人,结果给人留下"蓄意整人"的坏印象。

(2)大发雷霆,恶语伤人。

人人都有自尊心,即使犯了错误的人也是如此。批评时要顾及人的自尊心,切不可随便加以伤害。因此,批评人时应当心平气和,春风化雨。不要横眉怒目,以为这样才能显示批评者的威风。实际上,这样做最容易伤害对方的自尊心,导致矛盾的激化。因此,批评人应力戒发怒。当你怒火正盛时,最好先别批评人,待心情平静下来后再去批评。

切忌讽刺、挖苦,恶语伤人。下级虽有过错,但在人格上与上级完全平等，不能随意贬低甚至污辱对方。

（3）不分场合，随处发威。

批评人必须讲究场合和范围。有的批评可在大会上进行，而有的只能进行个别批评。若不注意批评的场合和范围，随便把只能找本人谈的问题拿到大会上讲，就会使对方感到脸上无光，不利于问题的解决。批评人，特别要注意不要随便当着对方下级的面或客人的面批评他。否则，对方会认为你是故意丢他的脸、出他的丑、使他难堪，会引起对方公开对抗。许多争吵，往往是由于批评的场合不对引起的。

（4）吹毛求疵，过于挑剔。

批评人是必要的，但并不是事事都要批评。对于那些鸡毛蒜皮的小问题、小毛病，只要无关大局，应当采取宽容态度，切不可斤斤计较、过于挑剔。这种做法，只能使人谨小慎微，无所适从，不求有功，但求无过，甚至产生离心作用。

（5）乘人不备，突然袭击。

批评人，事先最好打个招呼，使对方先有一定的心理准备，然后再批评，对方不至于感到突然。比如，有的人做错事，但本人并没有意识到。这时应当先通过适当时机，吹吹风，或指定与对方关系较好的人先去提醒他，使其先自行反省，然后再正式批评他，指出其错误所在。这样他有了心理准备，不至于感到突然，就比较容易接受批评了。反之，如果当对方尚未认识到自己有错，就突然批评，不仅会使人不知所措，还会怀疑你批评人的诚意。

（6）清算总账，揭人老底。

批评应当针对当前发生的问题。对于过去的问题尽量不要拉扯出来。有些上司为了说服对方认识问题，或为了证明对方当前的行为是错误的，便把心中积存的有关"问题"全部数落出来。这样做，只能使对方感到你一直暗地注意收集他的问题，这一次是和他算总账，从而产生对立情绪。

（7）威胁逼迫，以势压人。

批评人只有在平等的气氛中进行，才容易被人接受。如果摆出居高临下，盛气凌人的架势，说不服就压服，动不动就说："是我说了算，还是你说了算？"或下最后通牒："必须……否则……"这样，逆反心理就产生了。对方可能会想，干吗一定要听你的？或者反过来挑衅地说："悉听尊便，请吧，我才不怕呢。"结果是逼而不从，压而不服，激起反抗情绪。

（8）以事论人，全盘否定。

批评人应尽量准确、具体，对方哪件事做错了，就批评哪件事，不能因为某件事做错了，就论及这个人如何不好，以一件事来论及整个人，把他说得一无是处，一贯如此。比如用"从来""总是""根本""不可救药""我算看透你了"等来否定人，都是不可取的。

（9）当面不说，背后乱说。

中国有句俗语："当面批评是君子，背后议论是小人。"这句话反映了人们的一种心态：不喜欢背后批评人。当面批评，可以使对方听清楚批评者的意见和态度，也便于双方的意见得到交流，消除误会。如果背后批评，会使对方产生错觉，认为你有话不敢当面讲，一定是肚里有鬼。再说，不当面讲，经他人之口转达，很容易把话传走样，造成难以消除的误解。

(10)嘴上不严,随处传扬。

批评人不能随处发威,更不能随处传扬。有的前脚离开下级,后脚就把这件事说给了别人;或者事隔不久批评另一个人时,又随便举这个做例子,弄得该问题人人皆知,满城风雨,增加了当事人的思想压力和反感情绪。这是一种不负责任的工作作风。

(11)一批了之,弃之不管。

批评只是解决思想问题的手段,而不是目的。当一个人受到批评后,在心理上会产生疑虑情绪:是不是领导对我有成见?带着这种情绪,他会特别留心领导的有关言行,从中揣测领导对他的看法。当发现领导不理睬他时,他就会认为领导对他有成见;当你无意批评到与他相似的问题时,他会神经过敏地认为你又在讲他,又在与他过不去。为了消除这种猜忌心理,我们在批评之后,要细心观察他的变化,对他表示关心和体贴,有了点滴成绩,及时肯定;有了困难,及时帮助。这样才能有助于消除猜忌心理,达到批评的目的。

(12)反复批评,无休无止。

批评不能靠量多取胜。有的批评只能点到为止。当一个人受到批评后,心里已经很不自在了,如果再重复批评他,他会认为你老是跟他过不去,把他当成反面典型看待。多一次批评,就会在他心里多一分反感。

第三章 掌控氛围，不冷场的表达艺术

你是否和别人聊天的时候经常出现冷场的情况，和别人聊天，聊着聊着就容易出现没有话题，不知道如何才能继续下去，最后形成一种尬聊的状态。对于有些人来说，好好聊天实在太难，但是，对于会聊天的人这不算什么。一个会聊天的人，不是因为他懂得多，也不是他多么擅长察言观色，而是他是一个会掌控氛围的人。

1. 营造良好和谐的谈话气氛

谈话是一种思想感情、看法等的表达，但是，仅仅把谈话理解为"表现自己的内心世界"是片面的。最好的谈话意味着信息的交换、兴趣的分享和思想的交流。

很多人都会有这样的感觉：和有的人一起交谈，会觉得谈得很尽兴；而和有的人一起交谈，总感觉很别扭，不能畅所欲言。造成这种不同感受的因素很多，其中关键的一条是谈话气氛，它是谈话能否顺利展开的前提。

那么，如何营造良好、和谐的谈话气氛呢？

（1）表达方式多口语化。

口语来自生活常态，它自然、灵活、通俗、生动。而且，口语化不仅仅是一种表达方式的选择，更重要的是营造了一个自由、平等、开放的谈话空间。我们很讨厌别人打官腔，一旦对方这么跟你说话，你就知道再谈下去已经没有任何必要了。口语化营造的亲切氛围，让心的距离更近，让双方更愿意敞开心扉。崔永元的平民化语言，使得他好像在和嘉宾聊家常，这样的氛围解除了嘉宾的顾虑，放下了担心，最后甚至达到了想说什么就说什么的地步。

（2）交流方式的平等化。

我们看到一些主持人和嘉宾交流，把自己放在居高临下的位置，这就不可避免地导致他们对别人的谈话会进行判断，甚至强硬地、武断地下自以为是的结论。

学会表达 懂得沟通

"这些年,您一个人生活得太孤独了。"主持人的表情中带着一种职业的怜悯。"不,我一个人生活很好,一点都没有感到孤独。"男嘉宾不以为然。主持人依然很执着:"鬼才相信呢。"如果面对这样的谈话对象,那我们很可能三句话后就会拂袖而去。

还有的人在和别人交谈时,就像个小学生,脑子里装着十万个为什么,什么都问,结果弄得对方烦不胜烦,最后很可能不欢而散。

事实上,和别人交谈,所谓的交流方式的平等化,就是说要以"真诚"的态度,以"合作"的心态,发自内心、实在地和对方交流,这样,对方才会感到亲切和产生交流的愿望。

(3)消除紧张。

陌生人交谈,会因为彼此的不了解导致紧张,而紧张就会让表达变得不完整,甚至词不达意,所以,消除紧张,让双方以一种平和的心态交谈,是必要的前提。

(4)调节气氛。

老朋友见面自然熟络,但是和陌生人交谈,难免冷场,这个时候就要适时地调节一下气氛,使谈话不至于停顿。幽默是最好的缓解矛盾、冲淡尴尬、控制节奏、调节气氛的办法。

(5)适当地引导。

有些人是善于谈话的,可以说得兴趣盎然、妙趣横生,使气氛愉快、热烈;而有的人是不善于交谈的,不仅很难将自己的意思表述完整,而且还很容易跑题。这样的情况,如果生硬地打断

第三章 掌控氛围，不冷场的表达艺术

他，就会导致尴尬；强行让他回到主题上，也很容易挫伤对方的自尊心，而使谈话中断，最好的办法还是使用幽默，巧妙地、不着痕迹地引导对方始终围绕着主题说。

总体上来讲，在交谈中要努力使谈话热烈，不要阻止思想的交流。同老朋友在一起这不成问题，我们了解他们的爱好和兴趣，但是和陌生人在一起，困难就产生了，我们不易找出他们的兴趣，可以试着用下面的方法来轻松愉快地同陌生人谈话。

（1）尽量先从朋友、熟人那里了解一些陌生交谈对象的情况，以及他的职业和兴趣。

（2）当走进陌生人家时，留心观察，找出能够帮你了解主人的线索，比如他家里挂什么画，存什么书等，如果你不喜欢他们的古董，就不要谈论它们，找出那些你赞赏和有兴趣的东西作为话题。

（3）特别留意别人向你介绍陌生人时的信息。例如，当听到"李先生刚从欧洲回来"时，你可提一些关于欧洲的见闻，或者请他谈谈在那里的感受，或者仅仅表示有机会听到些那遥远地方的消息，感到非常高兴。这样，或许可以很快加深你对他的了解。

（4）用谈自己的情况的方法来启发、激励对方谈他自己的情况。

（5）可以问问他比较私人的但不太过分的问题，逐步深入了解对方。一定要注意一些禁忌要避免。

（6）陌生人讲的头几句话往往能提供给你关于他兴趣的线索，要特别注意。

（7）想办法消除对方的紧张，你紧张，说不定对方比你更

紧张，可以用一些轻松的话题开始。

（8）留意对方的语气、表情、手势的变化，使自己的谈话随机应变。

（9）对陌生人要避免可能引起争论和刺激性的话。

2. 即兴发挥，把控局面

《阿甘正传》里有这样一句话："生活像一盒巧克力，永远不知道下一颗的滋味。"同样的道理，一个人永远也不能确定自己下一分钟需要说些什么。也许你会遇到尴尬的困境，也许你会遭遇刁钻的提问，也许你发现宴会上气氛有些沉闷……这些时候，你就必须将口才迅速调动起来，组织起逻辑严密的语言，在最短的时间内找到突破口。

一个人口才水平的高低很大程度上体现在即兴口才上，因为没有事先的周详准备，因为事发突然，因为需要迅速打开局面……而这又取决于他在即兴发挥中是否表现出来了思维敏锐、判断迅速、逻辑严密和心态沉着等良好素质。

没话找话，或者就着眼前的故障说事也是即兴口才的一种发挥，总之，不能让现场出现冷场，或者让现场的气氛出现滑落。

即使没有特殊情况，主持人在录制过程中，也要抓住现场发生的每一个细节，大做文章，这样才能让嘉宾表现出他最真实、最吸引人的一面，节目才能更加成功。

即兴发挥最常用的手段，就是平时多积累一些有趣的小段子，在关键时刻能够发挥作用，使你不至于张口结舌，慌不择言。

（1）思维敏锐。

遇到意外出现时，要马上调动思维去捕捉任何细节，并且要迅速组织相关的语言。口语表达是思维的外化和工具。思维是语言的内容，没有思维就没有语言。考虑话该怎么讲，是一种思维活动，尤其是即兴讲话，是一个激烈的思维过程。它经过思想—句子—词汇—语音的快捷转换过程。这个过程是完整的，如果任何一个环节出了问题，都会影响语言表达能力。

（2）判断迅速。

当出现意外情况时，首先要对这个意外做一个大概、迅速的判断，比如，是什么问题，性质严重不严重，需要多长时间等，有了这个基本的判断，你组织语言也就有了一定的基础和参照。

（3）逻辑严密。

虽然是即兴发挥，由于时间仓促，可能做不到字斟句酌、迅速组织漂亮的言辞，但是语言的逻辑必须严密，否则，说得前言不搭后语，或者东拉西扯，反而会引起听众的反感，还不如不说。

（4）良好的心理素质。

意外情况的出现最考验一个人的心理素质。因为所有的判断、语言的组织、逻辑的搭配等都是建立在镇定沉着的基础之上的。否则，自己首先就乱了，大脑一片空白，那自然无法进行下面的工作，即使勉强说出来也很可能语无伦次。

（5）就地取材。

即兴发挥必须有得说，而且最好的办法就是就地取材，身边的一切事物都可以成为即兴发挥的素材。当然有现成的材料，也就省得自己去现找，否则容易出纰漏。

（6）即兴发挥的障碍清除。

即兴发挥最大的障碍不是听众，而是自己。缺乏自信心是即兴讲话的最大障碍。为此，可以从三个方面来清障：

积累知识，提高文化素养。只有用知识武装自己，讲起话来才能镇定自如，侃侃而谈。

大胆交往，学习他人的语言。要大胆地与周围的人、各阶层的人接触，并主动进行对话，从中汲取口才营养，学习讲话技巧。

自我调节，增强自信心理。凡是有发言的机会，首先要调节好心理，要敢于说话，不要怕，不要躲躲闪闪，更不要说一些"我不会说，说得不好"等丧气话，越是这样，越不敢说话。

3. 诚恳的态度可以统帅全局

为人，必须培养良好的品德，因为品德是立身的根本，这体现的是一种对待人生的态度；做事，必须寻找正确的方法，因为方法才是解决问题的根本，这体现的是一种做事情的态度。口才，虽然是讲求技巧的说话能力，但是首先离不开品德的约束和规范，其次才是方法的导引和提升。而诚恳就是口才不可缺少的品德基础。有了这个基础，即使没有炫目的技巧、深厚的底蕴、灿烂的笑容，发自内心的真情也足以动人。著名成功学家卡耐基就说过："好的人格，能帮你说话，增加说服力。"

第三章 掌控氛围，不冷场的表达艺术

不管男女老少，只要是喜欢看《开心辞典》的人，都喜欢看王小丫的招牌本领——下嘴唇习惯性地向上一抿，眼睛稍稍地月牙儿似的一弯，露出她"很坏"的招牌笑容，直笑得选手心里一阵阵发虚，不知她葫芦里到底卖的是什么药。紧接着她就用大眼睛牢牢盯住对面的选手，"忽闪、忽闪、忽闪"先进行一通无声的"恐吓"，然后再迅速地伸起右臂一放、一收、一抓！马上就发布命令："请听题！"等选手回答完了，她又故作高深地报以短暂沉默，吊足人胃口之后，还不放过人家，继续拉高声音"恐吓"："确定吗？"

中央电视台著名主持人王小丫一直将"诚恳"两字奉为圭臬，她曾多次谈到了自己对诚恳的坚持。

2002年，《开心辞典》上海擂台赛期间，王小丫在接受采访时对自己作了一番自我评价。她说：

"我的主持没什么风格，严格地说，我现在刚刚入门，正在寻找自己的风格。我希望能成为一名诚恳的主考官。"

王小丫说："我主持节目才只有两年，还是以本色为主。在寻找自己主持风格的过程中，可能会有左左右右的情况发生，希望观众们多包涵，我正在努力向诚恳上走。"她解释说："我曾经做过一个市场调查，问观众们喜欢什么样的考官，结果95%的人希望看到一丝宽容。因为人们的压力很大，每天都要与时俱进，每天都在追求更快、更高、更强，在这种压力下，人们在周末看到轻松一点、宽容一点的节目可能会更好。所以我决定以一个诚恳的主考官形象出现在大家面前，希望《开心辞典》能够在大浪淘沙后作为金子

留下来。"

每个主持人都希望做观众喜欢看的节目,这不难理解。但同时,很多主持人却因为过于追求形式的东西,导致节目的内容受到影响,脱离了节目的初衷。王小丫诚恳地承认了自己的不足,又表达了积极改进和提升的决心,诚恳的态度仿佛让人们看到了一个小学生的执着和努力,观众也会给予宽厚的呵护和耐心。

面对游走于《经济半小时》和《开心辞典》两档风格完全不同的节目之间,并且拥有如此高的人气的提问,王小丫说:

"其实《经济半小时》的节目也不是很专业,现在我们做得多以曝光为主,而《开心辞典》主要就是开心,在开心之余让大家学点知识。在我看来这两档节目都是中央电视台的电视节目,都是大众传播的,既然是传播,它就是一种交流、沟通,这是要以诚恳为基础的,所以我都会以诚恳的态度去面对。这两个不同的节目,我用诚恳来统一。"

看过这两个节目的人都知道,这是性质完全不同的两个节目,而同一个主持人来主持这样性质完全不同的节目,很容易让观众产生疑惑:是主持人很博学多才,还是利用一个节目的高人气来带动另一个节目?王小丫自然也深知这一点,但是她采取了巧妙的方法来应对——用诚恳统一。可以没有超人的口才,但诚恳足以将信息传达给观众,也足以拨动观众柔软、宽容的心弦。

在镜头前,看上去王小丫表现得从容不迫,其实就算是到了今天,她站在镜头前,还是不免紧张。为什么自己总是

第三章 掌控氛围，不冷场的表达艺术

不能适应面对话筒和面对观众的状态？她暗中观察，原来，主持人临场紧张的大有人在。这下子她放心了，原来，紧张是一种很自然的状态，因为重视所以紧张，因为把观众当回事，放不下。想明白这一点，她就坦然了。她说："诚恳是我的底线。我一直相信，把简单的事说复杂了，不难；把复杂的事说简单了，不易。成功这个词很难讲，我觉得它是一生的词，我觉得我谈不上成功，只是很幸运，有一个能养活我而且我很喜欢的工作，而且这个工作还被观众关注着。沟通的基础是诚恳，如果用诚恳去统一风格，是没有错的。风格就是本色。"

因为在乎你，所以才会担心和顾虑，生怕有做得不到的地方；因为重视你，所以才会紧张和焦虑，生怕表现得不好会让你失望。在乎和重视就是最大的诚恳。如果做不到这两点，那只能是一种敷衍和应付差事。有了这样的诚恳，即使出错了，相信也会得到宽容和谅解。

王小丫的诚恳不是说出来的，是实实在在做出来的：

一般的女人，只要发现了自己身上有缺点，不是为自己分辩，就是极力去掩饰，结果是欲盖弥彰、弄巧成拙。而王小丫却不做这种事，她反而敢于把自己真实的一面呈现给观众，其效果不但省去了许多的虚伪和尴尬，反倒让观众更喜欢她。比如，在接受采访时，她从来不会避讳自己曾经的"糗事"，她会坦诚高考数学得了20分；谈到感情生活，她会干脆地说："现在，缺爱"，等等。

在节目中，她常常展现非常本色的、不加职业修饰的笑。有时即使遭遇尴尬，她发出的笑声也是最真实的，反而

制造了更好的现场感觉。有位业内人士曾说:"这种笑可能不是有多好听,可是它正常。"正是这种"正常"的笑才拉近了她和观众间的距离,让人感受到了一个女人的真实与可爱。

在《开心辞典》里,她是考官,但她在面对现场突然出现的尴尬情况时,并不能巧嘴滑舌地马上将场面搪塞过去,她的大脑也会出现一片空白。此时的她会露出一口洁白整齐的牙齿冲别人也冲自己笑、笑、笑——一直笑到让场内、电视前的所有观众都拿她没辙,都心软,都替她着急,也就都轻易地喜欢上了她。

诚于中,才能秀于外。我们在电视里看到的王小丫,是一个真实的王小丫。她在台上延续着生活中的自己,她的坦诚、她的傻、她的亲和力都无须表演——因为她把自己始终置身于普通人的行列!

什么是诚恳呢?其实,诚恳就是重视对方,坦诚自己。很多时候,我们会发现,费尽心机寻找的各种借口,都不能让自己坦然地面对错误,还要花更多的心思来圆话。相反,坦诚地说出自己的真实想法,反而会放下悬着的石头,得到解脱的快感。人的缺点是掩盖不住的,与其花心思掩饰,还不如为自己塑造一种独特的形象,这样的人才是聪明的。毫无疑问,王小丫就是这样的人。

第三章 掌控氛围，不冷场的表达艺术

4. 用热心和诚意来感动人

"精诚所至，金石为开"，好口才的第一步就是要让人感觉到你的热心和诚意。如果连自己都意未明，情未动，言不由衷，又怎么能表情达意呢？如果说，诚意要求的是内容，那么热心要求的就是表达的态度，唯有"情自肺腑出，方能入肺腑"。

真诚是人类最伟大的美德之一，一个对生活、对事业、对自己真诚的人，写文章能以真诚动人，办事情能以真诚悦人，说话能以真诚感人，那么他所具有的这些力量怎能不使他取得成功呢？俗话说得好："有了巧舌加诚意，就能够用一根头发牵动一头大象。"

美国石油大王洛克菲勒的儿子小洛克菲勒，在1915年处理一次工业大罢工时，就是运用诚恳的演说，解决了与工人之间的矛盾。

科罗拉多州煤铁公司的矿工为了要求改善待遇，进行了罢工，因为公司方面处置不善，这次罢工又演变成了流血的惨剧，劳资双方都走了极端。这次罢工，持续了两年之久，成为美国工业史上一次有名的大罢工。小洛克菲勒，最初使用军队来镇压的高压手段，酿成了流血惨剧，不仅没有解决问题，反而使罢工的时间更延长下去，使自己的财产受到了更大的损失。后来，他改变方法，采用柔和的手段，罢工的事情暂时置之不谈，他深入到工人当中，并亲自到工人家中进行慰问，使双方的情感慢慢地转好起来。以后，他叫工人们组织代表团，以便和资方洽商和解。他看出了工人们已经对他稍稍释去了敌意，于是，便对罢工运动的代表们做了一次十分中肯的演说。就是这一次演说，解决了两年来的罢工风潮。

在演讲中，小洛克菲勒说："在我有生之年，今天恐怕要算是一个最值得纪念的日子。我十分荣幸，因为能够和诸位认识，如果我们今天的聚会是在两个星期之前，那么，我站在这里就会是一个陌生人了；因为我对于诸位的面孔的认识还只是极少数。我有机会到南煤区的各个帐篷里去看了一遍，和诸位代表都做了一次私人的个别谈话；我看过了诸位的家庭，会见了诸位的妻儿老幼，大家对我都十分客气，完全把我看作自己人一般。所以，今天我们在这里相见，我们已经不是陌生人而是朋友了。现在，我们不妨本着相互的友谊，共同来讨论一下我们大家的利益，这是使人感到十分高兴的。参加这个会的是厂方的职员和工人的代表，现在蒙诸位的厚爱，我才能在这里和诸位相见并努力化解一切矛盾，彼此成为好友，这种伟大的友谊，我是终生不会忘掉的。我们大家的事业和前途，从此更是展开了无限的光明。在我个人，今天虽然是代表着公司方面的董事会，可是，我和诸位并不站在对立的地位，我觉得我们大家都是有着密切的关系和友谊的。我们彼此有关的生活问题，现在我很愿意提出来和大家讨论一下，让我们一起从长计议，获得一个双方都能兼顾到的圆满的解决办法，因为，这是对大家有利的事……"

第三章 掌控氛围，不冷场的表达艺术

小洛克菲勒的讲话，虽没有华丽的辞藻，但话语诚恳，引起了矿工广泛的共鸣，一下子就使自己摆脱了困境。

有时候，真诚的语言不仅会给我们带来成功，还可能带来神话般的奇迹。反之，如果一个人在语言上，不遵循"诚能感人"的原则，就会失信于众，轻则影响个人的形象和声誉，重则危及组织的前途和生存。

一个平凡的业务员，在做了十几年的推销工作后，他十分反感和厌恶那些长期以来用强颜欢笑、编造假话、吹嘘商品等招揽顾客的做法。他觉得这是生活上的一种压力，为了摆脱这种压力，他决定对人要以诚相待，不对顾客讲假话，要以一颗真诚的心来对待他们，即使被解雇也无所谓。出乎以外的是，当这种想法浮现在大脑后，他顿时觉得自己的心情比以往更轻松起来。

这天，当第一个顾客来到店里，问他店中有没有一种可自由折叠、调节高度的椅子时，他就搬来椅子，如实地向顾客介绍。他说："老实说，这种椅子质量不是很好，我们常常会接收到顾客的投诉和退货。"

顾客说："是吗？很多人家都用这种椅子，我看它似乎还挺实用的。"

"也许是吧。不过，据我看，这种椅子不一定能升降自如。您看，没错，它款式新，但结构有毛病。如果我隐瞒它的缺点，就等于是在欺骗您。" 这位业务员耐心地给顾客解答。 客人追问："你说结构有毛病？"

学会表达 懂得沟通

"是的,它的结构过于复杂精巧,反而不够简便。"

这时,业务员走近椅子,用脚去踩脚踏板。本来要轻踩,但是他一脚狠狠踩下去,使椅子面突然向上撑起,正好撞到顾客扶在上面的手上。业务员急忙道歉:"对不起,我不是故意的。"

没想到客人反而笑起来,说:"没关系,不过我还要仔细看看。"

"没关系,买东西如果不精心挑选,会很容易吃亏的。您看看这椅子的木料,品质并非上乘,贴面胶合也很差。坦白地说,我劝您还是别买这种椅子,不如看看其他牌子的,要不到其他店看看也可以,说不定那里会有更好的椅子。"业务员说。

客人听完这番话,十分开心,要求买下这把椅子,并马上取货。但是,等到这位顾客一走,业务员就立即遭受到经理的训斥,同时被告知到人事部办理离职手续。过了一个小时,业务员正整理东西,准备打包回家时,店内突然来了一群人,争相购买这种椅子,几十把椅子一下子就买空了。

当然,这些人都是刚才那位顾客介绍来的。看到店里生意如此火暴,经理大感吃惊,最后业务员不仅没被辞退,工资还提高三倍,休假时间也增加一倍。经理甚至还称赞他如实介绍商品的做法,是一种新型的售货风格,应该继续保持。

语言可以表现一个人的人格。即使是语言比较笨拙的人,只要具有发自内心的真诚,其心情就能在话语间充分流露出来。相反，如果没有发自内心的真诚，即使运用再华丽的语言也会被人看穿。所以，在谈话时，满怀真诚是最重要的。

5. 亲和一点，让谈话更融洽

很多人把口才等同于说话，这完全是对口才的一种误解。口才是一种说话的能力，但同时还包括表情、动作、身体语言等内容，这些都是传递信息的重要组成部分。比如，微笑的表情就是向对方传递友好的信息，同时也让自己放松，这是有助于语言表达的。所以，应该全面地认识口才。

首先口才是能清楚地表达自己的思想。不是会说话就能说清楚的，所以，口才不是会说话，而是要能说清楚。

其次，让对方能听明白。这有一个先决条件，让对方喜欢听。方式有很多，亲和、不做作是其中之一。也就是说，只有让对方感受到你的亲和、不做作，和他们的心灵达到相通、共振共鸣的境界，让他们感觉到你就是自己人，他们才会喜欢听你说话。

最后，让对方发表看法。这一点很重要，首先需要有一个良好的态度，那就是平等，让对方感受到你的尊重，对方才可能说出他的心里话。颐指气使、强横说教，都是让人讨厌的态度。

心理学家研究表明：如果你决定提高你的社交技巧，决定结婚（自愿的）或者至少跟一个人住在一起，决定追求有意义的目标并且在过程中、在小事上享受快乐，那么，你的幸福感就能提升10%—15%；如果你能不吝惜自己的微笑，亲和地对待他人，那么，你的幸福感就能提升20%—50%。

微笑就是让人显得亲和、不做作的重要原因。亲和感，是无障碍沟通的基础，拥有亲和感，是成功沟通的前提。没有亲和感，我们只能看见自己的观点——而把对与错、责备与羞耻、缺陷与内疚强加到别人身上。

亲和力是"对距离的想法"，是与他人共享同一个空间的能力；亲和力是交际主体与人交往时所散发出来的让交际对象钦佩、赞赏、认同的高尚品德和人格魅力；亲和力是发自内心的一种感染力，是人生性随和，性格淡然，保持平常心的一种表现，让人感觉很面善，很舒服，很自然，大家都喜欢和你说话，合作，不会嫉妒你；亲和力是在人与人相处时所表现的亲近行为的动力水平和能力，促使交际主客体凝聚，从而产生和谐的交际意境，使交际更富有人缘魅力。

著名主持人欧阳夏丹以亲和、大气的主持风格得到广大观众的喜爱。她自2003年加盟央视经济频道后，主播早间新闻节目《第一时间》，她独特的说新闻的播报方式得到了广大观众的喜爱。她脸上嵌着两个若隐若现的酒窝，说话干脆得像蹦豆儿一样，彰显着她的性格，也成为她的标志。

她一脸灿烂的笑和两个可爱的小酒窝，让很多观众感觉她像邻家女孩一样很亲切、自然、不做作。有位网友说："我常看这个（中央二套的《第一时间》）节目，很喜欢她的主持风格。她的自信和微笑给了我许多勇气来面对一天的生活。"

古人说，淑女笑不露齿。可欧阳夏丹在节目中不但不

第三章 掌控氛围，不冷场的表达艺术

吝啬她的笑，且与"笑露八颗牙"足有一拼，亲和爽朗的主持风格犹如一股清新的晨风，绝非常人可以招架。平时聊天中，她豪爽的笑声也会将你频频"淹没"，你定会因与她的交谈而拥有一天的好心情。

欧阳夏丹的笑首先给观众传递了友好、亲切、真诚的信息，这也让她能够以一种轻松、自然、率真的姿态表达自己的所思所想。

谈到当初放弃在上海的稳定生活，而选择来北京打拼，欧阳夏丹说：

"对到央视，我也有顾虑。在上海，我做的是在黄金时段播出的晚间节目，生活也比较规律。但做早间节目就不一样了，看的人少，而且对个人生活影响极大。"

坦率、实在，没有丝毫的矫情和做作，完全是心声的袒露。

谈到目前的工作状态，她说：

"我是幸运的，在做着自己喜欢的工作，但遗憾的是，似乎和正常时段的节目没有缘分，看看我的黑眼圈就知道了，那不是起早就是贪黑的恶果，已经很长时间没感受到城市的夜生活是什么样子了。没辙，谁让我喜欢电视呢！"

有喜欢，也有遗憾，但总体上是快乐的。一句"没辙，谁让我喜欢电视呢"是真性情的流露。也正是因为喜欢，所以遗憾和辛苦也就没什么了，真正是"苦并快乐着"。

谈到理财，她说：

"我个人的理财就是属于'稀里糊涂'型，经常是每个月挣多少，花多少，从来没有概念。可能是跟我个人的性格

特点有关，兴趣点不太放在理财上，这方面天生偏弱。"

率真的表述，将自己的理财说成是"稀里糊涂"型，有趣、可爱、洒脱，这样的特点在她主持的节目中有着明显的体现。

谈到爱好，她说：

"除了电视，本人还有很多爱好，其中尤以球类运动为最，打过10年的排球，还拿过不少学校和单位里羽毛球赛金牌，喜欢在球场上那任意挥洒、酣畅淋漓的感觉。如果有一天，你在球场上看到我，别忘了打个招呼呀！不过在这之前，还是先在电视里找我吧！"

鲁迅先生说："说话应有真意，去粉饰，少做作，勿卖弄。"欧阳夏丹的话印证了这一点。

一个人一旦具备了亲和与不做作的性格特征，那这个人给人的感觉就是大气的。他会让人感到一种从容大方、自然天成的气量，一种成熟宽厚、宁静和谐的气度，一种洒脱、率真的做人尺度。欧阳夏丹的亲和、不做作，就是一种大气的展现，有这样的气质和口才，难怪她会深受观众的喜爱了。

6. "吹牛皮"对你没好处

法国哲学家罗西法古说："如果你要得到仇人，就表现得比你的朋友优越；如果你要得到朋友，就要让你的朋友表现得比你优越。"当我们让朋友表现得比我们优越时，他们就会有一种得

第三章 掌控氛围，不冷场的表达艺术

到肯定的感觉，但是当我们表现得比他还优越时，他们就会产生一种自卑感，甚至对我们产生敌视情绪。

因为谁都在自觉不自觉地维护着自己的形象和尊严，如果有人对他过分地显示出高人一等的优越感，那么无形之中是对他自尊的一种挑战与轻视，同时排斥心理乃至敌意也就应运而生。

人应该有自知之明，夸口、说大话、"吹牛皮"的人，常常是外强中干的，而且他们的目的只不过是为了引起大家对他的关注，以满足自己的虚荣心。朋友、同事相处，贵在讲信用。自己不能办到的事情，胡乱吹嘘，会有华而不实的印象。吹牛者在人际交往的圈子里终究会有无法立足之日。

成功的欢乐不亚于尝到幸福的果实，成功的希望牵扯着每颗跳动的心灵。可是，在追求成功的奋斗中，信心、自信固然是支柱，可有人却携带了自我吹嘘这颗毒瘤。

王先生刚到工作单位的那段日子里，在同事中几乎连一个朋友都没有。那时他正春风得意，对自己的机遇和才能非常自得。因此每天都极力吹嘘他在工作中的成绩，吹嘘每天有多少人找他请求帮忙等等得意之事。然而同事们听了之后不仅没有人分享他的"成就"，而且还极不高兴。后来还是老父亲一语点破，他才意识到自己的错误观念。从此，他就很少谈自己的成就而多听同事说话，因为他们也有很多事情要吹嘘，让他们把自己的成就说出来，远比听别人吹嘘更令他们兴奋。后来，每当他有时间与同事闲聊的时候，他总是先请对方滔滔不绝地把他们的成就炫耀出来，仅仅在对方问他的时候，才谦虚地表露一下自己。

学会表达 懂得沟通

老子曾说："良贾深藏若虚，君子盛德貌若愚"，是说商人总是隐藏其宝物，君子品德高尚，而外貌却显得愚笨。这句话告诉我们，要敛其锋芒，收其锐气，千万不要不分场合地将自己的才能让人一览无余。你的长处短处被同事看透，就很容易被他们支配。

事实只有十分之一，或者连十分之一都不足，说话却说到十分，虚多而实少。有的人靠一条三寸不烂之舌，说得非常动听，一部分人也许会上他的当，信以为真。这就是吹嘘人的本事。

有的人对于某种学问技术不过初窥门径，还未登堂，更未入室，居然自命为专家，到处宣扬，不认识他的人不易拆穿，这叫作吹得隐秘。有的人对自身经历说得津津有味，某事是他做的，某计划是他拟的，某问题是他解决的。好像他是足智多谋，好像他是万能博士，不是参与此事的人，自然无法证实其虚伪，这种人叫吹得有水平。有些人的事业并无什么发展，他却说如何有把握，手中的货物如何充分，某批生意赚多少钱，说得大家有些动心，这叫作吹得有能耐。但是这些人终究会被他们的吹嘘所累，害人害己。有的人与某一位名人实在并没有多少关系，他却对人说某人如何器重他，某人如何看重他，某事曾和他商量过，这些都是自我吹嘘的表现。

某单位的赵女士，每天总是利用一切机会让人们知道她的存在。一位老兄在为儿子差两分没被清华大学录取而苦恼，一旁的赵女士生怕没了机会，插嘴道："真是的，我那儿子也不争气，要升初中了，才考了99分。"旁人不难看出，她到底是自贬还是自夸。一年秋季，她办完调动手续，满以为会被热情欢送，岂料送行的只有一名例行公事的干部。

在浩渺无边的谈话中，有一些小小的"礁石"，要留心避免。记住，人无完人，即使你在某方面有所成就或者高人一筹，也并不能说明你在其他方面都出类拔萃。不要沾沾自喜而大肆渲染。

人都会有成功或失败的时候。对经历过一次失败的人，我们绝不能断言他会永远失败。相反，即使是获得了成功的人，如果他总是高枕无忧、骄傲自满的话，他也会尝到失败的苦头的。既然这样，嫉妒或排斥成功者的做法就是不可取的。如果有朝一日你也成功了，却遭到了别人的嫉妒，你也会伤心的。

7. 让你的语言充满深意

可能很多人都有过这样的经历：刚开始学写作文的时候，想把所有自己知道的词、成语、好句子都用上，甚至从词典里面找一些好词也用上，以为这样的作文才是好作文。后来才知道，这只是一种华丽辞藻的堆砌。有的人说话也是这样，知道了一个新词，就一定要用上它，觉得这样说出来的话才会不一般，结果却往往是张冠李戴、驴唇不对马嘴、贻笑大方。

事实上，无论写文章、演讲，还是说话、聊天，首先要表达的是自己的思想，华丽的语言、高超的口才不过是表达思想的

学会表达 懂得沟通

一种手段而已。当然，酒再香没人知道，也体现不了自身的价值。但是，如果广而告之后，人们发现酒根本就不香，那就会失去人们的信任。对思想和语言来说，思想就是美酒，语言就是既贴切反映思想又恰到好处地表达清楚、同时还让人感受到魅力的宣传。

一篇好的文章，首先应该是有着高度的思想性的，这是文章的立意所在。至于文章的语言，写作高手的语言未必是华丽的，但一定是凝练的。一个口才高手，他的语言也应该是思想性和表现力相结合的。著名主持人白岩松就是这样一个有着深邃思想和凝练语言的口才高手。我们可以通过他的一些语言窥知其思想的深邃，同时也感知其语言的凝练。

关于幸福，白岩松说：

"生活中只有5%的比较精彩，也只有5%的比较痛苦，另外的90%都是在平淡中度过。而人都是被这5%的精彩勾引着，忍受着5%的痛苦，生活在这90%的平淡之中。"

我们常说"人生不如意十之八九"，这里的"不如意"更应该是一种平淡吧。是的，正如白岩松所说，精彩和痛苦各只占5%，也许会很精彩，也许会很痛苦，但也只是很小的一部分，很快就会过去，真正要面对的反而是剩下的90%，如何把这大部分的平淡过得有滋有味，才是一种人生况味。

关于做人，白岩松说：

"人只有一个一辈子都不会更改的职业，那就是做人，只有把人这一撇一捺写大，才能做好别的事情。"

做人是一个人一生都在做的事情，所以，白岩松将做人比作"一辈子都不会更改的职业"是非常生动的。同时，他也直接指出了为什么要一辈子做这个职业——因为只有把人做好了，才能做好别的事情。所以，我们说"品德是立身之本"。

"优秀的人是什么？是在找到第一条辅助线后，又主动去寻找第二条、第三条辅助线的人。"

每个人都会在人生的不同阶段遇到难解的问题，只要能找到辅助线，就能解开人生的几何题。很多人也许能找到第一条辅助线，但是却未必能找到第二条、第三条……也许他根本就不会去找，他或许认为，一条辅助线就够了，于是他变成了原地踏步。

白岩松的语言没有落入俗套，没有说"优秀的人就要不断进步，寻找人生的新支点"之类的话，而是用几何中的辅助线形象地代替了人生的新支点，显得更有新意。

关于职业，白岩松说：

"你知道吗？泰坦尼克号为什么沉没？领航员没有戴望远镜！等冰山出现的时候，大船已经撞上去了。"

在白岩松眼里，社会是那艘巨大的泰坦尼克号，而新闻记者就是领航员，前方不论是凶险还是美景，他都有义务把看见的各种信息传达给船长和所有乘客，由他们自己做出决定。

他理想的领航员境界就是站得高看得远，不孤立地看待新闻事件，不陷于细枝末节，把眼光放长远，对重大问题保持持久关注。

"我个人认为困惑应该是水平越高反而越多,应该是成正比。"

我们常说,"你知道的越多,你不知道的也就越多。"无知者才会无畏,当经历了太多大型新闻事件的时候,也就意味着有很多未知和不曾掌握的东西,或者还有很多不了解的东西,困惑或许就是来自渴望。

"我觉得人生就是一场跳高比赛,一定要以最后一跳的失败结束,一定的。"

一个人只有不断超越自己才能不断进步,这和跳高比赛是类似的。而白岩松之所以说"一定要以最后一跳的失败结束",就是因为,"失败"意味着你尝试了,但是暂时还没有成功;意味着你还要再努一把力;意味着还有追求的目标;意味着还有不竭的动力……

"主持人,万众欢腾的时候学会聆听;沉默的时候要勇敢地说出自己的声音。"

白岩松用凝练的语言道出了主持人的职责:应该用心说话,说正直的话,说正确的话。

"我觉得最好的状态,就是自己去意已决,别人恋恋不舍。"

看过球星告别赛的人都明白,当面对亿万喜爱自己的球迷,球迷们还在回味球星在比赛场上的飒爽英姿、经典瞬间时,可球星自己已经决定远离,去寻找另外一种生活,那种决然中的不舍、留恋中的憧憬、幸福中的悲伤、痛苦中的快乐,都化作球迷对球星的永远怀念。白岩松的说法表达了这样一种情绪。

关于阅历，白岩松说：

"渴望年老。"

人们渴望年轻的色彩和青春飞扬的裙角，"年老"是人们抗拒的。年轻固然代表了激情、向上，但同时又意味着失去了深刻与淡泊。白岩松毫不忌讳自己"渴望年老"，在他眼里，年老可以让人更加成熟。他认为，要做一个长线记者，就必须多积累，多看书，别把自己当成社会活动家。必须强制寂寞，抵制诱惑，让自己静下来。新时代的记者应该变成文人的一部分。所以，他渴望的是白发下深厚的知识和阅历。他知道，只有学习才能让他充实，不会有透支的感觉，才能发展更大的空间。

语言必须依托于思想，才能有生命力；口才也必须依托于思想，因为口才是思维的一种外在表现。一个人的口才必须依托于自己的思想体系才能真正形成。有了这个体系，讲什么话题都能左右逢源，信手拈来。

8. 跑题了，及时拉回到主题上来

跑题是人们交流中常出现的问题，也是必须要避免的问题。跑题了，就要把对方的思路及时拉回到主题上来，那就势必要打断对方的谈话。但是，生硬地打断显然会破坏谈话的气氛，也容易伤害对方的自尊，导致谈话终止。因此，巧妙地打断对方就显得非常重要。

学会表达 懂得沟通

那么，怎么才算是巧妙地打断呢？就是要做到不留痕迹地打断对方，就是既要让对方感觉到自己偏离了主题，但又不让对方感到难堪，巧妙地让对方停下来。

著名主持人崔永元是谈话方面的高手，面对众多的观众，他在打断嘉宾的谈话时做得非常艺术，丝毫不留痕迹，同时还能很好地让话题继续下去。

如在《广告知多少》中，介绍嘉宾李盾时，问他广告多了还是少了？李盾一口气罗列了很多广告无处不在的例子，崔永元友好地打断了他说："李先生的诉苦大会如果我要不及时打断，今天大家就要在这里久坐了。"李先生立刻明白了主持人的意图，以简短的话题强调了自己的观点："这是因为广告给我们带来的苦处太多了，恐怕再加上多长时间，也没办法说完。"

此外，崔永元还会用点拨法、将军法、转移法等来巧妙打断对方的滔滔不绝。

如在《吸烟危害健康》节目中，邀请了中国人民大学素有"国侃"之称的周孝正教授做嘉宾，崔永元问："您吸烟吗？"一般人可能答"吸"或"不吸"就罢了，周却拉开了"侃"架："不吸。吸烟是随波逐流、人云亦云、丧失个性……"崔永元看该打住了，灵机一动，便问："您喝酒吗？""我……"周有些愣了，若说吸烟是人云亦云，那喝酒是不是丧失个性？周只好嗫嚅地说："以前……以前也不

第三章 掌控氛围，不冷场的表达艺术

喝。"观众大笑，将军法妙不可言。

如在《唐·金》一期节目中，面对唐·金不着边际的长篇大论，崔永元适时打断，说："我刚才仔细听了听，好像是我在问我的问题，唐·金先生顺着思路在说自己的事。其实，我的问题特别简单，就是拳击的推广人和拳手之间是一个什么样的关系？"唐·金："如果描述拳手和拳击推广人之间的关系的话……"这种巧妙地打断，既重申了问题，让嘉宾的思路回到问题上来，又不显得生硬、突兀。

在细心倾听的过程中，崔永元当然早就发现唐·金"跑了题"，但他更感觉到了唐·金的谈兴，而且他有些"跑了题"的谈话，虽然"节外生枝"，但也很有趣，大家愿意听。所以，他没有"及时"打断，而是耐心地听唐·金的畅谈，待有了停顿感，才巧妙地又把既定的话题牵了回来。既给足了唐·金面子，也让观众饱了耳福。

如在《四世同堂说电影》一期节目中，当这家四世同堂的老奶奶兴致盎然地侃了一个段落之后，崔永元接过话茬说了一句："奶奶，咱们不说了，留一点急急他们。"

礼貌、尊重，加上适当的捧一捧，老奶奶的"演说"停得美滋滋，现场的观众听得乐悠悠，谈话的主题又在不知不觉中回到了现场。

跑题还有一种情况是，谈话者出现了模糊，甚至不正确的认识，这个时候就必须要及时打断对方了。这样的打断更需要艺术性，既不能采取正面批评的态度对对方进行纠正，

77

学会表达 懂得沟通

也不能置若罔闻。看看崔永元遇到这样的情况一般都是怎么做的。

在一次节目中，一位女观众说："下岗了，希望找个工资较高、工作不累，离家又近的单位。"崔永元故作理解地说："噢，咱们让单位搬得离你家近点儿！"这位女工和大家一起笑起来了。

在《鸟与我们》中，有个关于养鸟的争论。嘉宾谭宗尧提出："谁有能力谁养"，崔永元问："我们怎样来考察他有没有能力？"嘉宾："考试呀！……"他的话音一落，崔永元一本正经地宣布："待会儿讨论结束，大家不要马上走，我要对大家进行考试，由谭先生出试卷，考考你们谁有养鸟能力，谁没有养鸟能力。"（众人大笑）

针对此类情况，崔永元一般会采用"归谬法"，就是夸大言语的不合理性，来暗示观点中的谬误。

其实，要想做到巧妙地打断对方的谈话，还有很多需要学习锻炼的地方。

首先，要学会倾听。只有用心听了，才能听清楚、听明白对方说了什么，说得对还是不对，是不是紧扣主题的。才能及时发现问题，及时采取措施。

其次，及时打断对方。及时打断对方可以不让对方"跑"得更远，但是，并不是说一发现对方跑题就马上不让对方继续说下去，而是应该找对点，找对让对方停止的点。一般来说，这个点应该是对方阐述的一个完整意思的终结点，否则对方说了半截，明显没有说完，你的打断会让对方很难堪的。

第三，不要直接否定对方。对方跑题了固然不妥，但是也不能因此就直接让对方闭嘴，更不能直接否定对方。最好是用含蓄的、暗示性的话来点醒、引导对方回到主题上来。

第四，不要生硬地打断。再好脾气、再有修养的人，在他谈兴正浓时，哪怕是已经跑题，你生硬地打断都会让对方不快，感觉不受尊重。

第四章 真诚赞美，不含蓄的表达艺术

　　赞美是一种有效的交往技巧，赞美别人，仿佛用一支火把照亮别人的生活，也照亮自己的心田，能有效地缩短人与人之间的心理距离。赞美是一件好事，但绝不是一件易事。赞美别人时如不审时度势，不掌握一定的赞美技巧，即使你是真诚的，也会变好事为坏事。

1. 赞美是人际关系的润滑剂

清朝末年著名学者俞樾在他的《一笑》中，讲过这样一个故事：

有个京城的官吏，要调到外地上任。临行前，他去跟恩师辞别。恩师对他说："外地不比京城，在那儿做官很不容易，你应该谨慎行事。"

官吏说："没关系。现在的人都喜欢听好话，我呀，准备了一百顶高帽子，见人就送他一顶，不至于有什么麻烦。"

恩师一听这话，很生气，以教训的口吻对他的学生说："我反复告诉过你，做人要正直，对人也该如此，你怎么能这样？"

官吏说："恩师息怒，我这也是没有办法的办法。要知道，天底下像您这样不喜欢戴高帽的能有几位呢？"

官吏的话刚说完，恩师就得意地点了点头："你说的倒也是。"从恩师家出来，官吏对他的朋友说："我准备的一百顶高帽，现在只剩99顶了。"

渴望被赞美、喜欢听一些好听话是人的天性。在现实生活中，赞美的价值是时刻体现的，亲人间的赞美让家庭更加和睦；朋友间的赞美让友谊更加深厚；情人间的赞美让爱情更加滋润；

学会表达 懂得沟通

同事间的赞美让关系更加融洽……

马克·吐温说:"只要一句赞美的话,我可以活上两个月。"要使人们始终处于施展才干的最佳状态,唯一有效的方法,就是表扬和奖励,没有比受到批评更能扼杀人们积极性的了。

著名的成功学大师卡耐基小时候是一个公认的淘气大王。不幸的是,母亲很早就去世了,在他9岁的时候,父亲把继母娶进家门。当时他们是弗吉尼亚州乡下的贫苦人家,而继母则来自经济状况较好的家庭。

一进家门,他父亲一边向继母介绍卡耐基,一边说:"亲爱的,希望你注意这个全县最坏的男孩,他可让我头疼死了,说不定会在明天早晨以前就拿石头扔向你,或者做出别的什么坏事,总之让你防不胜防。"

卡耐基对于父亲这一套已经习以为常了,他的确让父亲费了不少脑筋。然而,令卡耐基大惑不解的是,继母微笑着走到他面前,托起他的头看着他,接着又看着丈夫说:"你错了,他不是全县最坏的男孩,而是最聪明、但还没有找到表现机会的男孩。"这一句话,令淘气的坏男孩几乎落泪,他心里感到很温暖,自然对这个继母充满了好感。

继母的这一句话,不仅让他和继母开始建立友谊,同时也成为激励他的一种动力,这种动力促使他日后创造了成功的28项黄金法则,帮助千千万万的普通人走上成功和致富的光明大道。

由此可见,赞美的力量竟是如此的不可思议。无数事实证

第四章 真诚赞美,不含蓄的表达艺术

明:真诚的赞美,可以使对方心情愉悦,拉近双方的距离,消除隔阂。因此有人说,赞美之词是世界上最美丽的语言。适当地赞美别人的优点和长处,这是正确处理人与人之间关系的一条重要而实用的法则。

几乎任何人都乐意听到好听话,因此,有些成功学家建议人们在说话时"要以赞美开始"。但是,赞美的话也不是"好听"就行,也有一定的规则可循。

第一,恭维话要以事实为依据,不能违背事实胡说。

小张是个胖姑娘,最讨厌别人提"胖""肥"等字眼。某日她去服装店买衣服,试了一件连衣裙,刚一穿上,那个售货员就习惯性地说,你看你的身材这么好,天生就是衣架子,穿这件衣服多漂亮呀。小张听了这话冷笑了一下,心里骂这人说话虚伪。

想必这就叫"睁着眼说瞎话",如果这位售货员说:"小姐,这件衣服很适合你,一是你的气质很好,穿这件衣服能提起来;另外,这个款型的衣服收身,显得你身材高,看起来苗条。"估计效果可能会好得多。

第二,赞美的话要不露痕迹。

有一个老笑话,说是一个人是拍马屁专家,连阎王都知道他的大名,死后见阎王,阎王拍案大怒:"你为什么专门拍马屁?我是最恨这种人!"马屁鬼叩头回道:"因为世人都爱拍马,不得不如此。大王是公正廉明,明察秋毫,谁敢

说半句恭维话?"阎王听罢,连说:"是啊是啊!谅你也不敢!"

实则阎王也是爱听恭维话,不过说恭维话的方式,与普通人不同罢了。这个故事说明了世人之情,都爱恭维,你的恭维话如果有相当分寸,不流于谄媚,将是得人欢心的一种妙法。

第三,赞美之词不可提及别人的伤心事。

有一位姑娘交友不慎,被初恋的男友骗财骗色后甩掉了,姑娘为此难过了好长一段时间。朋友们与她在一起时都会避讳这一话题,怕引得她伤心。偏偏有位同事口无遮拦,在聚餐时,就感叹道:"我觉得你挺优秀的呀,人品好,长相不错,为人处世也大方得体……"这本是句好话,却没想到酒过三巡的同事没经大脑又加了一句:"我真不明白当初你那个男友为什么会弃你而去呢?"姑娘本来听了前半句赞扬很是高兴,但听完后半句立刻沉下了脸,回敬了一句:"这关你什么事呀?"同事这才意识到自己犯了错误,支支吾吾地想道歉,却是越抹越黑,结果举座不欢,以尴尬收场。

这位同事的错误就在于,在赞美别人时说了不该说的话,引起了别人的伤心、恼怒之事,相信换了谁也会感到不舒服。

第四,找独特的地方赞美,不要人云亦云。

别人老赞美某人长相漂亮,你再说她漂亮估计就不会给他留下什么印象,如果你夸奖她身材好,有气质或者某些饰物漂亮则可能给她留下深刻的印象。

老子曰:"美言可以市尊。"从某种角度上讲,如果一个人善于驾驭语言,便可以用之去交换自己所需要的东西。这都从不同侧面说明了赞美的重要性。如果你想要得到对方的认可,那么在言谈中就要多多选择赞美之词;如果你想缓解矛盾,那么需要多说让对方顺耳的好听话。赞美是人际关系最好的润滑剂,它可以让你不费吹灰之力获得好人缘,只要你赞美有方,那么,你一定会成为一个受欢迎的人。

2. 恰到好处地赞扬别人

人类的举止动作有一条最重要的定理,假如你遵守那条定理便永远不会遇到困难。一旦违反了那条定理,便立即就会遭遇无数的困难。那条定理就是:"永远使别人觉得高贵重要。"高贵感是人类最急切的要求,詹姆斯教授说过:"人类之渴望受人称赞,是天性中最深奥的禀质。"人与动物的不同之处也就在于高贵感的有无,人类文明就是从这里所产生的。

在人类的天性中,有一点是共同的,那就是希望得到别人的喜欢,希望能在别人的赞扬声中感受到自我价值的实现。而在人类身上,值得赞扬的地方也的确很多。且不说优秀的、杰出的人物身上有许多闪光的东西,即使是普通人身上,也有许多优秀品质、优良品格值得我们去赞美。因此,在日常交往中,善于发现别人身上的优点,恰到好处地赞扬别人,能起到鼓舞他人的作用。

学会表达 懂得沟通

据气象台的天气预报，最近将有台风袭击一座海滨小城。

小城里的百姓惊慌起来，积极地投入到预防工作中。一位母亲忙碌着，旁边站着她的小女儿。

"这该死的台风……"，母亲一边收拾东西，一边诅咒。

"我喜欢台风"，旁边的小女孩不同意母亲的说法。

母亲感到很诧异，因为台风破坏力极强，毁坏庄稼、吹倒房屋、阻塞交通，给人们生活带来巨大的不便并造成损失，可眼前这个小不点儿居然说她喜欢台风。

"孩子，告诉妈妈，你为什么喜欢台风？"母亲小心翼翼地问。

"上次台风来了，就停了电"，小女孩不假思索地回答。

"停了电又怎么样？"

"晚上就会点蜡烛。"

"你喜欢点蜡烛吗？"

"是的，那回（指上次台风吹过的晚上）我点着蜡烛走来走去，你说我像小天使。"

母亲顿时无言，旋即放下手中的活计，抱起小女孩，亲吻着她的小脸蛋，凑近她的小耳朵并说了一句话：孩子，你永远是天使！

赞美是如此美妙，甚至拥有让人想象不到的力量。在我们成

第四章 真诚赞美，不含蓄的表达艺术

长的过程中，的确需要赞美。即使明知对方讲的是奉承话，心里还是免不了会沾沾自喜，这是人性的弱点。因此，你一定不要吝啬自己的赞美之词，将它表达出来。

下属工作出色，你对他的表现很满意，真想好好地表扬他一番。可是，你怕他听了"翘尾巴"，怕从此失去应有的威严，于是你克制住自己，只是按部就班地向他布置下一个任务……

上司确实有魄力，处理问题正确果断，而且作风正派，身先士卒，你很想在共同享用工作餐时把大家对他的好评，包括你的肯定，直接告诉给他。但是，你怕这会被他视为别有用心，怕别的同事视你在"拍马屁"，更怕这会丧失了自我尊严，于是你将话咽了回去……

在楼门口遇上了邻居全家，老少三辈全体出动，是去附近的小饭馆聚餐。看到他们那和谐喜悦的情形，你想跟他们说几句祝福的话，可是你想到人家平时并没有跟自己家说过什么吉利话，又觉得此时此刻人家也许并不会珍视你的友好表示，于是你只是侧身让他们一家走过，轻轻地咳嗽了几声……

在商场购物，你遇上了一位服务态度确实非常好的售货员。当她将你购买的商品装进漂亮的塑料袋，亲切地递到你手中时，你本想不仅说一声"谢谢"，而且再加上几句鼓励的话，可是到头来你还是没说，因为你想着"我是'上帝'，她本应如此"，"反正总会有别的顾客表扬她"……

在研讨会上，遇上了你长期的对手，你们的观点总是针尖麦芒般互斥。然而，这回他的发言，他那认真探索的精神，自成逻辑的推演，抑扬顿挫流畅自如的宣讲，实在令你不能不佩服他的功力。在会议休息饮茶时，你真想走过去跟他说："虽然我不能

89

学会表达 懂得沟通

同意你的观点，可是我的的确确愿意为了维护你的表达权，而做出最大的努力……"你都走到他跟前了，却又忽然觉得说这种话会招来误会，而且，你觉得这也实在并不是什么新鲜的话语，于是你开了口，没说出这样的话，却吐出了几句咄咄逼人"语带双关"的酸话……

请消除心头的疑虑，当你心头涌现了并非出自功利目的、自然亲切、朴素厚实的赞美之话时，不要犹豫，不要迟疑，不要退却，不要扭曲，要快把它说出口！只要你确实由衷而发，确实不求回报，确实充满善意，确实问心无愧，你就大大方方、清清楚楚地把赞美之话说出来。赞扬别人的方法很多，以下几点可做参考：

（1）审时度势，因人制宜。

在什么情况下采用什么样的方法，使赞扬的效果更好，这就需要赞扬者抓住一定的时机，因人而异，恰到好处地把自己的赞美之情表达出来。

赞扬不仅要因人而异，因场合而异，还要考虑不同的阶段。如当你发现有值得赞美的事物和人的良好品格的苗头时，应当立即抓住这个时机，给予赞美对象以美好前景的鼓励；如人的优点和美好的事物已完全体现，那么你就必须给赞美对象以全面肯定和充分赞扬。不同的阶段使用不同的赞美语，不仅能克服人通常的毛病，而且能给人一种实在感和具体感。

（2）实事求是，措辞适当。

实事求是是指赞扬应以事实为依据，这是与"阿谀奉承"的本质区别。"阿谀奉承"是出自主观的愿望，是为了一己之私，有着明显的巴结奉迎的目的，即俗话所说的"拍马屁"。而真诚

第四章 真诚赞美，不含蓄的表达艺术

的赞扬应是在客观事实的基础上，是一种真情的流露，旨在使人快乐，与人进行感情的沟通。此外，真诚的赞扬除了要以事实为依据外，措辞也要适当。主要应注意两个方面：一是不要夸张，二是不要过分。

不要夸张，就是说赞扬话应该朴实、自然，不要有任何修饰的成分，不要夸大其词。

不要过分，指的是赞扬话要适度，有的话赞扬一次两次，一句两句就足以使对方高兴，而如果一句赞扬话说过多次或者对某个人堆上许多溢美之词，那么对方会认为自己不配，或者会疑心你的动机不纯。

（3）热诚具体，深入细致。

日常交往中经常可听到这样的赞美词："你这个人真好"，"你这篇文章写得真好"等等。究竟好在哪些方面，好到什么程度，好的原因又何在，不得而知。这种赞美语显得很空洞，别人以为你不过是在客气、在敷衍。

所以，赞美语应尽可能做到热诚具体、深入细致。比如赞扬一个人穿的衣服漂亮。你不妨说："这件衣服穿在你身上很合身，颜色鲜艳，人显得精神多了。"美国社会心理学家梅伦·克林纳德认为，正确的赞美方法是把赞美的内容具体化，其中需要明确三个基本因素：你喜欢的具体行为；这种行为对你的帮助；你对这种帮助的结果有良好感受。有了这三个基本因素，赞美语才不至于笼统空泛，才能使人产生深刻的印象。

（4）攻其不备，出其不意。

在赞美语的运用上，如能攻其不备，出其不意，往往能使人喜出望外，收到意想不到的效果。

学会表达 懂得沟通

我们在日常交往中，如能注意观察，并对那些被我们忽略了的优点、美德而及时加以赞扬，往往比赞扬那些人所共知的优点效果更好。如一位著名科学家、著名演员、著名作家或在某些方面有较突出成就的人等，他们在各自的领域里都颇有建树，而对他们在各自领域里所取得的成绩的赞美声也就会不绝于耳。那么，我们不妨另辟蹊径，如赞扬他们和谐的家庭生活，他们漂亮的衣着打扮，他们亲切的微笑，以及优秀的品格等等，这样肯定会使他们喜悦倍增。

3. 赞美是最好的激励棒

赞美可以给平凡的生活带来温暖和欢乐，可以给人们的心田带来雨露甘霖，也可以给人带来鼓舞，赋予人们一种积极向上的力量。所以团队管理者千万不要吝惜自己的语言，真诚地去赞美每个人，这会让团队合作更加紧密，更有效率。

王虹大学毕业后被一家中日合资的化妆品制造企业聘为销售员。工作的头两年，他的销售业绩让人不敢恭维。但是，随着对业务的逐渐熟练，加上和零售客户沟通顺畅，他的销售业绩就开始逐渐上升。到第三年年底，他根据与同事们的接触，估计自己当属全公司的销售冠军。不过，公司的政策是不公布每个人的销售业绩，也不鼓励相互比较，所以王虹还不能被肯定。

第四年，王虹干得特别出色，到9月底就完成了全年的

第四章 真诚赞美，不含蓄的表达艺术

销售任务，但是经理对此却没有任何反应。尽管工作上非常顺利，但是王虹总是觉得自己的心情不舒畅。最令他烦恼的是，公司从来不告诉大家谁干得好谁干得不好，也从来没有人关注销售员的销售业绩。他听说本市另外两家中美合资的化妆品制造企业都在搞销售竞赛和奖励活动。那些公司的内部还有通讯之类的小报，对销售员的业绩做出评价，让人人都知道每个销售员的销售情况，并且表扬每季和每年的最佳销售员。一对比到自己所在公司的做法，王虹就十分恼火。

不久，王虹主动找到日方的经理，谈了他的想法。不料，日本上司说这是既定政策，而且也正是本公司的文化特色，从而拒绝了他的建议。

几天后，令公司管理者吃惊的是，王虹辞职而去。而王虹辞职的理由也很简单：自己的贡献没有被给予充分的重视，没有得到相应的回报。正是因为缺乏有效、正规的激励机制，这家公司无法对王虹做出肯定与赞美，也无法给予相应的奖励，所以该公司失去了一名优秀的员工。

在日常生活中，人们常常忽略、羞于甚至不屑于赞美别人，在学校家庭生活中也一样，很多家长老师总是很容易发现孩子的缺点，而忽视了孩子的闪光点。殊不知，赞美其实是一种极为有效的教育手段。

作家达尔科夫孩提时代是个极为胆怯、害羞的男孩，他几乎没有什么朋友，对什么事都缺乏自信。一天，他的老师布劳奇布置学生写作文。今天他已无法回忆他写的那篇作

文有什么独到之处，或者老师给的评分究竟是多少，但他至今仍清楚地记得，而且令他永生不忘的是布劳奇老师在他的作文的页边空白处写了四个字："写得不错"。这四个字竟改变了他的人生，他说："在读到这些字以前，我不知道我将来干什么，但读了他的批注后，我就回家写了一篇短篇小说，这是我一直梦寐以求，但从来不相信自己能做的事。"在中学剩余的日子里，他写了许多短篇小说，经常将它们带给布劳奇老师评阅。在老师不断鼓励下，达尔科夫成了中学报纸的编辑，他的信心增加了，视野扩大了，他开始了一种充实的生活，并最终成了一名作家。

美国著名心理学家威廉·詹姆斯研究发现："人类本性中最深刻的渴求就是受到赞美。"作为成长中的个体，学生身上有不良习惯和弱点是难免的，然而对于学生的种种问题，当老师们感到束手无策时，往往会采用批评的方法，结果情况越来越糟，如果适时地采取赞美的方法，让学生在"我是好学生"的心态中成长，则会充分挖掘他们的潜力。

请不要吝啬赞美，因为赞美是春风。它使人温馨和感激；请不要小看赞美，因为赞美是火种，它可以点燃心中的憧憬与希望。

4. 多在背后说人好话

对一个人说别人的好话时，当面说和背后说是不同的，效果

第四章 真诚赞美，不含蓄的表达艺术

也不会一样。你当面说，人家会以为你不过是奉承他，讨好他。当你的好话在背后说时，人家认为你是出于真诚的，是真心说他的好话，人家才会领你的情，并感谢你。

秘密在告诉别人后就不能再称为秘密。然而，我们却常在许多场合里，听过或者说过"我告诉你一件秘密，你可不能再告诉别人！"我们总是天真地认为对方会保守秘密，绝不会再让他人知道，殊不知隐藏不住秘密是一般人的常情，而秘密终究会传到当事者的耳朵里。

倘若传递的事件有关个人的名誉时，其影响力之大将不可比拟。令人心悸的是，如果这秘密是恶意的抨击批评，在告诉他人时，连听话的人也极有可能对你产生反感，怀疑你这种人在他处也会采取同样的行动来诽谤自己。至于传到当事者耳朵里的后果当然更不用说。

看到这里，我想你一定会反问，如果以"我告诉你一件秘密，你可不能再告诉别人"的方式来间接表达赞美之词，是不是能获得比预期更好的效果呢？答案是肯定的。利用这种人性弱点，将称赞之词传出去，的确是恭维别人、尊崇他人的良好方法。

背后的称赞比当面的赞美，更能获得他人的欢欣。人们都讨厌背后说别人坏话的小人，一方面是背后说坏话，会有中伤别人的感觉，另一方面，人们会觉得背后的评价更能体现那个人内心的真实想法。因此，当他知道一个人在背后赞美自己的时候，他也会感觉你真的是这样想的，会更加高兴。不要担心你在别人面前说另一个人好话，那些好话当事者不会听见，这世界没有不透风的墙，就算赞美传不到他本人耳朵里，别人也会因为你在背后

学会表达 懂得沟通

夸奖人而更加敬重你。

《红楼梦》中有这么一段:

> 史湘云、薛宝钗劝贾宝玉做官为宦,贾宝玉大为反感,对着史湘云和袭人赞美林黛玉说:"林姑娘从来没有说过这些混账话!要是她说这些混账话,我早和她生分了。"
>
> 凑巧这时黛玉正来到窗外,无意中听见贾宝玉说自己的好话,"不觉又惊又喜,又悲又叹。"结果宝黛两人互诉肺腑,感情大增。
>
> 因为在林黛玉看来,宝玉在湘云、宝钗、自己三人中只赞美自己,而且不知道自己会听到,这种好话就不但是难得的,还是无意的。倘若宝玉当着黛玉的面说这番话,好猜疑、小性子的林黛玉怕还会说宝玉打趣她或想讨好她呢。

赞美是一种学问,其中奥妙无穷,但最有效的赞美则是在第三者面前赞美人。这种方法不仅能使对方愉悦,更具有表现出真实感的优点。假如有一位陌生人对你说:"我的朋友经常对我说,你是位很了不起的人!"相信你感动的心情会油然而生。因为这种赞美比起一个人当面对你说:"先生,我是你的崇拜者"更让人舒坦,也更容易相信它的真实性。

美国前总统罗斯福有一个名叫布德的副官,他对赞美曾有过非常深刻的见解:背后赞美别人的优点,比当面恭维更为有效。可以说,这是一种很高的赞美技术,在人背后赞美人,在各种赞美方法中,要算是最使人高兴的,同时也是最有效果的。

因为当你直接赞美别人时,对方极可能以为那是应酬话、恭

第四章 真诚赞美，不含蓄的表达艺术

维话，目的只在于安慰自己罢了。若是透过第三者的传达，效果便截然不同了。此时，当事者必然认为那是认真的赞美，毫无虚伪，于是真诚接受，感激不已。

试想一下，如果有人告诉你，某某人在你背后说了许多关于你的好话，你会不高兴吗？这种赞美，如果当着你的面说给你听，或许会适得其反，让你感到虚假，或者疑心他是不是出于真心。为什么间接听来的便觉得特别地悦耳动听呢？那是因为你坚信对方是在真心赞美你。

事实上，在我们的周围，可把这种方法派上很多场合。例如，一个员工，在与同事们午休闲谈时，顺便说了上司的几句好话，"咱们的上司很不错，办事公正，对我的帮助尤其大，能为这样的人做事，真是一种幸运。"如果这几句话传到他的上司的耳朵里去了，这免不了让上司的心里有些欣慰和感激。而同时，这个员工的形象也上升了。

不要小看这些细节，生活就是由无数个细节组成的。生活没有多少轰轰烈烈被载入史册的事情等着我们，我们要做的只是细节，一个又一个。现在，我们要注意的一个细节是，坚持在背后说别人好话，别担心这好话传不到当事人的耳朵里。

在说别人的好话时，当面说和背后说是不同的，效果也不会一样。你当面说，人家会以为你不过是奉承他，讨好他。当你的好话在背后说时，人家认为你是出于真诚的，是真心说他的好话，人家才会领你的情，并感谢你。假如你当着上司和同事的面说上司的好话，你的同事们会说你是讨好上司，拍上司的马屁，而容易招致周围同事的轻蔑。另外，这种正面的歌功颂德，所产生的效果反而很小，甚至有反效果的危险。你的上司脸上可能也

挂不住，会说你不真诚。与其如此，倒不如在公司其他部门，上司不在场时，大力地"吹捧一番"。这些好话终有一天会传到上司的耳中的。

"前"与"后"的关系构成一个整体。所谓"思前想后"讲的就是这个道理。人生也有"前台"与"后台"，即如何处理好人前与人后的关系，往往影响很大。坚持在别人背后说好话，对你的人缘会有意想不到的影响。背后说好话，这样就可以人人不得罪，左右逢源，你好我好大家好了。

5. 善于从小事上称赞

大千世界，芸芸众生，每个人只不过是沧海之一粟。在我们周围，伟人名人毕竟是凤毛麟角，大部分人还是凡夫俗子，他们也不可能做出惊天动地的大事。每个人不可能都轰轰烈烈，只求平平淡淡。真正聪明的人善于从小事上称赞别人，而不是一味地搜寻了不起的大事。

从小处着手夸奖别人，不仅会给别人以出乎意料的惊喜，而且可以使你获得关心、体贴入微的形象。

一位服装店的职员发现新上架的一件衣服做工有问题，及时把它转移到顾客看不见的角落里。值班经理夸她为公司着想，维护公司的荣誉，还决定给她加奖金。这位职员简直有些受宠若惊之感，到处赞扬那位经理眼快心细，自己的一点小成绩也逃不过她的眼睛，在这样的公司工作才有价

第四章 真诚赞美，不含蓄的表达艺术

值感。这位职员从经理的称赞中所获得的，不仅是受奖后的快乐，更多的是对这位经理关心的感激，使她感受到自己生活、工作在一个温暖的集体之中，从而激发了她的工作热情，增强了责任心。

当然，并不是所有小事都值得赞美。否则，你的称赞就会被别人认为大惊小怪。从小事情上赞美别人，需要把握一定的技巧。

（1）要善于发现小事的重大意义。单就小事而论，它不可能有多大意义。但如果用联系的观点来看待问题，却会发现一件小事往往会引发重大的事情，或具有重大的意义。

（2）要留心观察，细心思考。因小事往往很容易被人们忽视。要想从小事赞美别人首先必须自己做一位有心人，善于发现赞美的题材，发掘潜藏于小事背后的重大意义。这就要留心观察，细心思考。

小事犹如一块块未经雕琢的璞玉，如果你不留心鉴别，它就永远埋藏于土层或山野中，人们很难发现其价值所在。那么我们的社会便会如同山野般荒凉而无温情，置身其中，犹如繁华的沙漠。相反，如果人人都去挖掘一滴水中的世界，那么，在彼此的赞美中，人们获得的是人世间荡漾的温情。

（3）让更多的人知道。在特定情况下，发生在两人之间的一件事情，似乎不足挂齿。你事后若再提起它，自认为曾受益匪浅，但曾给予你的人或许却认为微不足道。而且，你们已是以诚相见的老朋友，某些称赞在人看来是客套甚至俗套，画蛇添足。这种事情，你不妨找一个合适的机会当众宣布，这才为上策。

（4）排除遮挡视线的障碍。大多数人不愿从小事上称赞别人，这是因为现实中有许多障碍遮住了他们的视线。

第一，分工不同，责任不同，使人们认为别人做的事都是"分内"的事，"应该"的事，不值得大惊小怪。做不好应受批评，做好了就算尽责。在这种心理的驱使下，很多人不能正视别人的小成绩。

第二，有人胸怀治国平天下的大志，眼高手低，对于"小打小闹"不以为然。认为那些事情没什么了不起，小菜一碟，形同虚无。

第三，"熟人效应"。周围的人对大家来说，太熟了，要么就是觉得区区小事不足挂齿，不需说什么；要么就是熟视无睹。每天我们走在干干净净的马路上去上班，都认为这无所谓，脏了还骂清洁工。父母为你呕心沥血，碾平生命道路上的坎坷，我们却只知衣来伸手，饭来张口，他们在你眼里，是"隐形人"，同事、朋友时时都在关照你，你却受之泰然。

6. 学会对领导说赞美话

喜欢听好话似乎是人的一种天性。当来自社会、他人的赞美使其自尊心、荣誉感得到满足时，人们便会情不自禁地感到愉悦和鼓舞，并对说话者产生亲切感，这时彼此之间的心理距离就会因赞美而缩短、靠近，自然就为交际的成功创造了必要的条件。

人性最大的弱点就是都禁不住别人的赞美，对于领导来说更是如此。如果我们能很好地掌握说赞美话的艺术，就能够更好

第四章 真诚赞美,不含蓄的表达艺术

地加深同领导的关系。会说话同办事是相辅相成的。话说得好听,说得到位,领导便易于接受我们所提出的条件和要求,否则即便是一件简单的事情,也会容易办砸。所以,必须要学会说赞美话。

乾隆有个大臣叫刘墉,身居中堂之位,以才思敏捷、能言善辩出名。一天,乾隆去承德"避暑山庄",刘墉陪同前往。乾隆同刘墉外出散步时,信步走进大佛寺,乾隆见那大肚子的弥勒佛冲他笑,便信口问道:"刘爱卿,弥勒佛为何冲朕笑?"

刘墉答道:"启禀皇上,皇上您乃文殊菩萨转世,当今的活佛,今天来此,故佛见佛笑!"

送顶高帽给乾隆,乾隆果然十分高兴。当刘墉走到弥勒佛面前时,乾隆突然转身问道:"那佛见卿也笑,这却是为何?"刘墉不料乾隆有此一问,愣了一会儿,但旋即有了巧妙的回答:"佛见臣笑,乃是因为笑臣成不了佛。"

对乾隆的第一个问题,刘墉说是佛见了佛笑,对乾隆的后一个问题如果也照此回答,就体现不出乾隆爷至尊无上的皇家风范,势必要惹得乾隆发怒。因此,刘墉只能贬低自己,抬高乾隆,使乾隆充分感受到他至尊无上优越性的快乐。因此,一句"笑臣成不了佛"使乾隆又多了一顶高帽,当然这是相对于刘墉而言。乾隆爷听了自然是乐开了怀,刘墉也从容摆脱了困境。即使做臣子的不想贬低自己,但也要抬举皇帝,满足皇帝的虚荣心。否则便会吃大亏了。

学会表达 懂得沟通

　　大凡人都有喜欢被人赞美的心理。在一些不利的形势下，不妨多说几句赞美话，给他戴顶"高帽子"。记住，没有人不喜欢被赞美和恭维的，即使那些平常说讨厌被人恭维的人，其实内心也挺喜欢被人恭维。只不过，你的恭维话要说得妙，说得恰到好处，不显山露水，不着丝毫痕迹，这样，他就会怡然而自得了，自然会对你格外喜欢了。

　　美国著名的柯达公司的创始人伊斯曼，捐赠巨款在罗彻斯特建造一座音乐堂、一座纪念馆和一座戏院。为了承接这批建筑物内的座椅，许多制造商展示了激烈的竞争。但是，找伊斯曼谈的商人们无不乘兴而来，败兴而去，一无所获。

　　正是在这样的情况下，"优美座位公司"的经理亚当森，前来会见伊斯曼，希望能够得这笔价值9万美元的生意。

　　亚当森被引进伊斯曼的办公室后，看见伊斯曼正埋头于桌子上的一堆文件，于是静静地站在那里仔细地打量起这间办公室来了。

　　过了一会，伊斯曼抬起头来，发现了亚当森，便问道："先生有何见教？"

　　这时，亚当森没有谈生意，而是说："伊斯曼先生，在我等您的时候，我仔细地观察了您的这间办公室。我本人长期从事室内的木工装修，但从来没见过装修得这么精致的办公室。"

　　伊斯曼回答说："哎呀！您提醒了我差不多忘记了的事情。这间办公室是我亲自设计的，当初刚建好的时候，我喜

第四章 真诚赞美,不含蓄的表达艺术

欢极了。但是后来一忙,一连几个星期都没有机会仔细欣赏一下这个房间。"

亚当森走到墙边,用手在木板上一擦,说:"我想这是英国橡木,是不是?意大利橡木的质地不是这样的。"

"是的。"伊斯曼高兴得站起身来回答说:"那是从英国进口的橡木,是我的一位专门研究室内装饰的朋友专程去英国为我订的货。"

伊斯曼心绪极好,便带着亚当森仔细地参观起办公室来了,把办公室所有的装饰一件一件地向亚当森做介绍,从木质谈到比例,又从比例谈到颜色,从手艺谈到价格,然后又详细介绍了他的设计经过。这个时候,亚当森微笑着聆听,饶有兴趣。

直到亚当森告别的时候,俩人都未谈及生意。你想,这笔生意落到谁的手里,是亚当森还是亚当森的竞争者?

亚当森不但得到了大批的订单,而且和伊斯曼结下了终生的友谊。为什么伊斯曼把这笔大生意给了亚当森?这与亚当森的口才十分有关。如果他一进办公室就谈生意,十有八九会被赶出来的。

亚当森成功的诀窍是什么?说来很简单,就是他了解谈话的对象。他从伊斯曼的经历入手,赞扬他取得的成就,使伊斯曼的自尊心得到极大的满足,把他视为知己,这笔生意当然非亚当森莫属了。

但是,在赞扬领导时,必须注意使用适当的赞美词句,过度的赞美,会变成一种令人反感的奉承。具体说,在赞美领导时应

学会表达 懂得沟通

注意：

（1）选择好赞扬的词句。

也就是说赞扬的运用也要像使用金钱那样，有价值需要时才使用。不分场合、不看对象、不准确地滥用赞扬，赞扬就失去了他的价值和作用。

（2）对不了解的人和事，不要随意赞扬。

在还不了解上司的长处或需要赞扬的方面时，就满嘴赞美之词，会叫人感到你粗俗不堪。

（3）不要对别人的不足或缺陷进行赞扬。

只要是优点、是长处，对集体有利，你可毫无顾忌地表示你的赞美之情。但是，对于领导的不足之处就要避免赞扬了。比如，上司写的字迹常使他自感不如小学生，而你却不分良莠，在各种场合赞扬上司的字写得如何漂亮，上司此时决不会高兴的，弄不好还以为你在有意挖苦他。

恭维赞扬不等于奉承，欣赏不等于谄媚。赞扬与欣赏领导的某个特点，意味着肯定这个特点。领导也需要从别人的评价中，了解自己的成就以及在别人心目中的地位，当受到称赞时，领导的自尊心会得到满足，并对称赞者产生好感。你的聪明才智需要得到赏识，但在领导面前故意显示自己，则不免有做作之嫌。领导会因此认为你是一个自大狂，恃才傲物，盛气凌人，而在心理上觉得难以相处，彼此间缺乏一种默契。

第四章 真诚赞美,不含蓄的表达艺术

7. 赞美是最值钱的本事

美国"钢铁大王"卡耐基,在1921年付出一百万美元的超高年薪聘请一位执行长夏布。许多记者采访卡耐基时问:"为什么是他?"卡耐基说:"因为他最会赞美别人,这也是他最值钱的本事。"

一位美国青年去长岛看望亲戚,有一天他与爱人的姑妈在家中闲谈。青年人热忱地赞美老姑妈家的老房子,问:"这栋房子是1890年建造的吗?"老姑妈回答:"正是那年建造的。"青年说:"这使我想起,我出生的那栋房子——非常美丽,建筑也好。现在的人都不讲究这些了。"青年人的话使老姑妈十分高兴,她怀着回忆的心情说:"这是一栋理想的房子,我们梦想了多少年,没有请建筑师,完全是我和我丈夫设计的。"高兴之中,她带着青年去各个房间参观,青年人对她珍藏的法国式床椅、英国茶具、意大利名画和一幅曾经挂在法国封建时代宫堡里的丝质帷幔大加赞美,使得老姑妈笑逐颜开,她执意要把她的一辆崭新的派凯特牌汽车送给青年人。青年人不肯接受老人的汽车。老姑妈坚持说:"这部车子是我丈夫去世前不久买的,自从他去世后,我一直没有坐过,你爱欣赏美丽的东西,我愿意送给你。"年轻人瞠目结舌,他没有想到自己的赞美会使姑妈这样有感触,更令他难以想到的是"赞美也能出效益"。

人总是喜欢被赞美的，无论是六岁的孩子，还是古稀的老人都一样。赞美是欣赏和感谢，它给人的喜悦是无法比拟的，一张冷漠的面孔和一张缺乏热情的嘴是很令人失望的。因此赞美也是一种很难得的竞争力，具有这种能力的人也就具备了竞争力。

当你去求人做事时，一定要运用好赞美的武器，因为他可以使你与对方进行有效的沟通。赞美往往是求人或者打开局面的先行者，一定要加以利用。

8. 赞美要有尺度

在现实生活中，我们时常会听到别人的赞美，也曾赞美过别人，赞美是一种心情，是一种品德，是一种境界；被赞美是一种快乐，是一种幸福。无论是威震天下、德高望重的帝王将相，还是默默无闻、平庸无为的凡夫俗子，都希望得到别人的赞美，都需要别人的赞美，但要讲求方法方式。

有一个理发店的店主很会奉承人。碰到头发密的，她说："您的头发真棒，好密啊。"碰到头发稀的，她又说："您的头发真不错，发质好。"

一个顾客问她："你逢谁都说人家头发好，从专业的角度来说，到底什么样才算是好头发？"

她犹豫了一下说："要听真话吗？"顾客点点头。她说:"说真的,我觉得您这样中间秃顶的最好,既能照顾我们生意,理起来又不费事。"

听了他的话,顾客心里很是不舒服,觉得这是一种讽刺。从此再也不来了。

所以,在人际交往中,奉承的话一定要巧说、妙说,切忌过分夸张或不切实际地一味吹捧,否则,就会被人误解,无疑会影响你的良好人际关系。

真诚的、发自内心的赞美是融洽人际关系的调和剂,是一种最有效的感情投资,而奉承就是赞美的另类形式。但是,一直以来,许多人都有一种偏见,即把那些善于说奉承话的人一律称之为"马屁精",好像这些人人格多么低下,多么不齿于和人们相提并论似的。其实,这是对人际关系的一种误解。仔细观察你就会发现,周围的人或多或少都在说着奉承的话,只不过是方式比较巧妙而已。就人际关系日益复杂的今天来说,多说些恰到好处的奉承话不仅不是坏事,而且是好事。

比如,一位精明的服装店老板往往会说:"夫人真是好眼光,这是我们这里最新潮的款式,穿在您身上,一定会更加漂亮!"几句话,这位太太肯定眉开眼笑,生意自然也就做成了。一位推销化妆品的推销员会说:"小姐气质真好,小姐这么好的皮肤我还从来就没有见过,小姐选择了我们公司生产的一系列护肤品,将能更好地保护你的皮肤。"

不过,奉承别人首要的条件,是要有一份诚挚的心意及认真的态度。言词会反映一个人的心理,因而有口无心,或是轻率的说话态度,很容易为对方识破,并让对方产生不快的感觉。再者,要赞美别人时,也不可讲出与事实相差十万八千里的话。如果赞美的方法得当,就会使人听到赞美的话心里很愉快,否则的话,甚至会起到相反的作用。如"哟!你的新衣服真好看,衬着你的黑皮肤正合适!"听者不认为你是在赞美她的新衣服,而理解为你是在变相讽刺她皮肤黑,这样的赞美话还不如不说。

赞美是一种艺术。赞美他人要首先发现他人的长处,绝不可随心所欲、信口称赞,更不能赞美别人的缺陷。赞美话怎样才能让人听着舒服,须动动脑筋在巧说上下功夫。肥胖的人不能赞美他苗条,丑陋的人不能赞美他美貌。也可能他既没有较好的容貌,也没有苗条的身材,但他可能具有别人所不具备的美德与能力。所以赞美人一定要找出他的长处,方可对症下药,对方才乐意接受。

第五章 礼貌拒绝，不尴尬的表达艺术

任何人都有得到别人理解与帮助的需要，任何人也都常常会收到来自别人的请求和希望。可是，在现实生活中，谁也无法做到有求必应，所以，掌握好说"不"的分寸和技巧就显得很有必要。

第五章 礼貌拒绝，不尴尬的表达艺术

1. 学会拒绝，让生活更轻松

在人际交往中，基于某种原因不愿意或不便把自己的真实想法告诉对方时，用"敷衍的拒绝，含糊的回避"来应对可帮你渡过难关，如果运用得好不但拒绝了他人，还会取得良好的效果。

有个关于庄子向监河侯借钱的故事，监河侯敷衍他，含糊地说："好！再过一段时间，等我去收租，收齐了，就借给你三百两银子。"监河侯的敷衍真是很有水平，不直接说不借，也不说马上就借给他，而是说过一段时间收租收齐后再借。

这话有三层意思：一是目前我没有钱，还不能借给你；二是我并不是富人；三是过一段时间，表示时间并不明确，到时借不借还是另一说。

庄子听后已经很明白了。监河侯用这种方法拒绝庄子，他不会怨恨什么，因为监河侯并没有说不借给他，只是过一段时间再说而已，还是有可能会借的。

人处在一个复杂的社会背景中，互相制约的因素有很多，为什么不选择一个盾牌挡一挡呢？当你不便说出自己真正拒绝的原因时，含糊而敷衍地拒绝他人是一种不错的选择。

比如你是一个领导班子的成员之一，若有人托你办事，你就可以说："我们单位是集体领导，类似这样的情况，需要大家讨论才能决定。不过,以前像这样的事都很难通过,最好还是别抱很大的希望,如果你坚持这样做的话,待大家讨论后再说,我个人说了不算数。"这就是推托之辞,把矛盾引向了另外的地方,即"不是我不给你办,而是我办不了"。

听到这样的话,对方一般都要打退堂鼓:"那好吧,既然是这样,也不难为你了,我再想别的办法吧!"

比如有人对你说:"今晚我请客,一定要来呀!"

"真不凑巧,今晚正好有事,下次一定来。"下次是什么时候,并没有说一个明确的时间,实际上给对方的是一个含糊不清的答案。对方若是聪明人,一定会听出其中的意思,就不会强人所难了。

任何人都有得到别人理解与帮助的需要,任何人也都常常会收到来自别人的请求和希望。可是,在现实生活中,谁也无法做到有求必应,所以,掌握说好"不"的分寸和技巧就显得很有必要。

不要立刻就拒绝:立刻拒绝,会让人觉得你是一个冷漠无情的人,甚至觉得你对他有成见。

不要轻易地拒绝:有时候轻易地拒绝别人,会失去许多帮助别人、获得友谊的机会。

不要在盛怒下拒绝:盛怒之下拒绝别人,容易在语言上对别人造成伤害,让人觉得你一点同情心都没有。

不要随便地拒绝:太随便地拒绝,别人会觉得你并不重视他,容易引起别人反感。

不要无情地拒绝:无情地拒绝就是表情冷漠,语气严峻,毫无通融的余地,会令人很难堪,甚至反目成仇。

第五章 礼貌拒绝，不尴尬的表达艺术

要面带笑容地拒绝：拒绝的时候，应面带微笑，态度要庄重，让别人感受到你对他的尊重，就算被你拒绝了，也能欣然接受。

要有代替地拒绝：你对我请求的这一点我帮不上忙，我用另外一种方法来帮助你，这样一来，他还是会很感谢你的。

要有出路地拒绝：在拒绝的时候，如果能提供一些其他的方法，帮他人想出一些更好的出路，实际上还是帮了他的忙。

下面是几种简而易行的拒绝方法：

谢绝法：对不起，这样做很可能不合适。

婉拒法：哦，原来是这样，很可能是我还没有想好，那么考虑一下再说吧。

不卑不亢法：哦，现在我终于明白了，你最好去找对这件事更感兴趣的人，好吗？

幽默法：啊，实在对不起，今天我正好有事，这次也只好当逃兵了。

无言法：运用摆手、摇头、耸肩、皱眉、转身等肢体语言和否定的表情来表示自己对此件事情的态度。

缓冲法：哦，请让我再同朋友商量一下，你也再仔细地想一想，过几天再做决定好吗？

回避法：今天咱们先不谈这个，还是说说你关心的另一件事吧。

严词拒绝法：这样做绝对不行，我已经想好了，你不用再费口舌了！

补偿法：实在对不起，这件事我实在爱莫能助了，不过，我可帮你做另一件事！

借力法：你可以问问他，他可以作证，我可是从来都没有干过这样的事情！

自护法：你为我想想，我怎么能去做这种没把握的事情呢？你是想让我出洋相吗？

如果你学会了拒绝的艺术，自然就能减少许多心理上的紧张与压力，同时还可以表现出自己人格的独特性，也就不至于使自己在广泛的人际交往中陷于被动的状态，你的生活就会变得更为轻松、潇洒。

2. 委婉的拒绝不伤面子

委婉的拒绝能给人留下足够的面子，可以把伤害减小到最低，不影响双方的关系。那么如何委婉地拒绝呢？

（1）先表明态度。

有的人对于要拒绝或是接受，在态度上常表现得暧昧不明，而造成对方一种期待。虽然想表示拒绝，却又讲不出口。

听别人几句甜言蜜语，就轻易地承诺下来的举动，也是自己态度不明确所造成的。

（2）要顾及对方的自尊。

人都是有自尊心的，一个人有求于别人时，往往都带着惴惴不安的心理，如果一开始就说"不行"，势必会伤害对方的自尊心，使对方不安的心理急剧加速，失去平衡，引起强烈的反感，从而产生不良后果。因此，不宜一开口就说"不行"，应该尊重对方的愿望，先说关心、同情的话，然后再讲清实际情况，说明无法接受要求的理由。由于先说了那些让人听了产生共鸣的话，对方才能相信你所陈述的情况是真实的，相信你的拒绝是出于无奈，因而是可以理解的。

当拒绝别人时，不但要考虑到对方可能产生的反应，还要注意准确恰当的措辞。比如你拒聘某人时，如果悉数罗列他的缺点，会十分伤害他的自尊心。倒可以先称赞他的优点，然后再指出缺点，说明不得不这样处置的理由，对方也更容易接受，甚至感激你。

（3）缓和对方对"不"的抗拒感。

虽然说"不"或"行"要明白表示，却也不是叫你毫无顾虑地就表示"要"或"不要"。语气强硬地说"不行""没办法"，这样会伤害对方的自尊心，甚至遭来对方的怨恨。

对别人的要求要洗耳恭听，对自己不能答应的事要表示抱歉。体谅对方拼命工作的苦心……这些都是在你回答"不"之前所应思考的。尤其当要求的对方是上级时，说话更要留余地。

（4）态度一定要真诚。

拒绝总是令人不快的。"委婉"的目的也无非是为了减轻双方，特别是对方的心理负担，并非玩弄"技巧"来捉弄对方。特别是上级、师长拒绝下级、晚辈的要求，不能盛气凌人，要以同情的态度，关切的口吻讲述理由，使之心服。在结束交谈时，要热情握手，热情相送，表示歉意。一次成功的拒绝，也可能为将来的重新握手、更深层次的交际播下希望的种子。

（5）降低对方对你的期望。

大凡来求你办事的人，都是相信你能解决这个问题，抱有很高的期望值。一般地说，对你抱有期望越高，越是难以拒绝。在拒绝要求时，倘若多讲自己的长处，或过分夸耀自己，就会在无意中抬高了对方的期望，增大了拒绝的难度。如果适当地讲一讲自己的短处，就降低了对方的期望，在此基础上，抓住适当的机会多讲别人的长处，就能把对方求助目标自然地转移过去。这样不仅可以达到拒绝的目的，而且使被拒绝者因得到一个更好的归宿，由意外的成功所产生的愉快和欣慰心情，取代了原有的失望与烦恼。

（6）尽量使话语温柔缓和。

当你想拒绝对方时，可以连连发出敬语，使对方产生"可能被拒绝"的预感，形成对方对于"不"的心理准备。

谈判中拒绝对方，一定要讲究策略。婉转地拒绝，对方会心服口服；如果生硬地拒绝，对方则会产生不满，甚至怀恨、仇视你。所以，一定要记住，拒绝对方，尽量不要伤害对方的自尊心。要让对方明白，你的拒绝是出于不得已，并且感到很抱歉，很遗憾。尽量使你的拒绝温柔而缓和。

（7）让对方明白自己的处境。

一般来说一个人有事求别人帮忙时，总是希望别人能满足自己的要求，却往往不考虑给他人带来的麻烦和风险。如果实事求是地讲清利害关系和可能产生的不良后果，把对方也拉进来，共同承担风险，即让对方设身处地去判断，这样会使提出要求的人望而止步，放弃自己的要求。例如有个朋友想请长假外出经商，来找某医生开个肝炎的病历报告单。对此作假的行为，医院早已多次明令禁止，一经查实要严肃处理。于是该医生就婉转地把他的难处讲给朋友听，最后朋友说："我一时没想那么多，经你这么一说，我也觉得这个办法不行。"

由于共担可能出现的风险，对方就能由己及人地去想问题，体谅别人的难处。

在人际交往中，只要还有一线希望达到目的，谁也不愿意轻易地接受拒绝，究其原因是完美心理在起作用。俗话说："不撞南墙不回头。"在拒绝别人的要求时，铁一样的事实摆在眼前，无论怎样坚持意见的人，也不能不放弃自己的要求。

3. 掌握说"不"的技巧

拒绝本身就是寻找借口，只要你的借口天衣无缝，被拒的对方定会毫无怨言。

不妨从以下几点着手来练习，会让你掌握说"不"的技巧。

（1）在别人提出要求前做好说"不"的准备。

那些在别人不论提出多么不合理的要求时很难说"不"的人，通常是由于以下一种或几种原因：

①对自己的判断力缺乏自信，不知道什么是应该做的，什么是别人不该期望自己做的。

②渴望讨别人喜欢，担心拒绝别人的请求会让人把自己看扁了。

③对自己能成功地负起多少责任认识不清。

④具有完善的道德标准，会为"拒绝帮助"别人而感到罪过。

⑤觉得自己低人一等，因而把别人看成是能控制自己的"权威人士"。

然而，不论出于何种理由，这些不敢说"不"的人通常承认自己受感情所支配。不管过去的经历如何，他们从未在别人提出要求时有一个准备好的答复。

假如发现自己的拒绝是完全公平合理之时都很难启齿说"不"，那么请用以下这些方法帮助你自己：

①在别人可能向你提出不能接受的要求之前做好准备。

②把你的答复预先演习一遍，准备三至四套可使用的句子（例如："对不起，我这几天对此只能说'不'""我正忙得脚底朝天呢。"）对着镜子大声练习几遍。

③当你说"不"时，别编造借口。如果你有理由拒绝而且想把理由告诉别人，是很好的。要简洁明了，一语中的。但你不必硬找理由。你有充分的权力说"不"。

④在说出"不"之后要坚持，假如举棋不定，别人会认为可以说服你改变主意。

⑤在说出"不"之后千万别有负罪感。

（2）用推脱表示"不"。

一位客人请求你替他换个房间，你可以说："对不起，这得值班经理决定，他现在不在。"

你和妻子一块上街，妻子看到一件漂亮的连衣裙，很想买，你可以拍拍衣袋："糟糕，我忘了带钱包。"

有人想找你谈话，你看看表："对不起，我还要参加一个会，改天行吗？"

（3）用沉默表示"不"。

当别人问："你喜欢阿兰德隆吗？"你心里并不喜欢，这时，你可以不表态，或者一笑置之，别人即会明白。

第五章 礼貌拒绝，不尴尬的表达艺术

一位不大熟识的朋友邀请你参加晚会，送来请帖，你可以不予回复。它本身说明，你不愿参加这样的活动。

（4）用拖延表示"不"。

一位女友想和你约会。她在电话里问你："今天晚上八点钟去跳舞，好吗？"你可以回答："明天再约吧，到时候我给你去电话。"你的同事约你星期天去钓鱼，你不想去，可以这样回答："其实我是个钓鱼迷，可自从成了家，星期天就被妻子没收啦！"

（5）用回避表示"不"。

你和朋友去看了一部拙劣的武打片，出影院后，朋友问："你觉得这部片子怎么样？"你可以回答："我更喜欢抒情点的片子。"

你正发烧，但不想告诉朋友，以免引起担心。朋友关心地问："你量过体温吗？"你说："不要紧，今天天气不太好。"

（6）用反诘表示"不"。

你和别人一起谈论国家大事。当对方问："你是否认为物价增长过快？"你可以回答："那么你认为增长太慢了吗？"

你的恋人问："你讨厌我吗？"你可以回答："你认为我讨厌你吗？"

（7）用客气表示"不"。

当别人送礼品给你，而你又不能接受的情况下，你可以客气地回绝：一是说客气话；二是表示受宠若惊，不敢领受；三是强调对方留着它会有更多的用途等。

（8）用外交辞令说"不"。

外交官们在遇到他们不想回答或不愿回答的问题时，总是

用一句话来搪塞："无可奉告"。生活中，当我们暂时无法说"是与不是"时，也可用这句话。还可以说些搪塞话："天知道。""事实会告诉你的。""这个嘛，难说。"等等。

（9）以友好、热情的方式说"不"。

一位作家想同某教授交朋友。作家热情地说："今晚我请你共进晚餐，你愿意吗？"不巧教授正忙于准备学术报告会的讲稿，实在抽不出时间。于是，他亲热地笑了笑，带着歉意说："对你的邀请，我感到非常荣幸，可是我正忙于准备讲稿，实在无法脱身，十分抱歉！"他的拒绝是有礼貌而且愉快的，但又是那么干脆。

（10）避免只针对对方一人。

某造纸厂的推销员上某单位推销纸张。推销员找到他熟悉的这个单位的总务处长，恳请他订货。总务处长彬彬有礼地说："实在对不起，我们单位已同某国营造纸厂签订了长期购买合同，单位规定再不向其他任何单位购买纸张了，我也应按照规定办。"因为总务处长讲的是任何单位，就不仅仅针对这个造纸厂了。

当我们羞于说"不"的时候，请恰当地运用上述方法吧。但是，在处理重大事务时，来不得半点含糊，应当明确说"不"。

4. 拒绝是一种艺术

拒绝是一种艺术。艺术就有艺术的规律可循。掌握了拒绝的实用技巧，在不同的场合加以变通，就不再是一件难事。

第五章 礼貌拒绝，不尴尬的表达艺术

（1）强调自己的困难。

有些求人的事，由于种种原因，不好意思直接开口，喜欢用暗示来投石问路。这时你最好也用暗示来拒绝。

两个打工的老乡，找到城里工作的李某，诉说打工之艰难，一再说住店住不起，租房又没有合适的。（言外之意是要借宿）

李某听后马上暗示说："是啊，城里比不了咱们乡下，住房可紧了。就拿我来说吧，这么两间耳朵眼大的房子，住着三代人。我那上高中的儿子，晚上也只得睡沙发。你们大老远地来看我，不该留你们在我家好好地住上几天吗？可是做不到啊！"两位老乡听后，就非常知趣地走开了。

（2）用"习俗"为借口。

一位女士因公出差，在火车上与一位看起来挺有涵养的男士坐在一起。这位男士主动和她搭讪，女士觉得一个人干坐着也挺乏味的，于是就和他攀谈起来。开始时这位男士还算规矩，和女士只是谈谈乘车难的感受以及对当今社会上一些不合理现象的看法。可不知怎的，谈着谈着，这位男士竟然话题一转，问了周女士一句："你结婚了吗？"

显然，这个问题可能别有用心，所以女士有些不高兴，但她态度平和地对那位男士说："先生，我听人说过这样一句话，前半句是'对男人不能问收入'，所以我才没有问你的收入；后半句是'对女人不能问婚否'，所以你这个问题我是不能回答了。请原谅。"那位男士听女士这么一说，也觉得有点唐突，尴尬地笑了笑，不再说话了。这位女士既表达了对对方失礼的不满，又没有令对方下不来台，可谓一举

两得。

（3）借他人之口加以拒绝。

小李在电器商场工作。一天，他的一位朋友来店买DVD。看遍了店堂里陈列的样品，他都不满意，要求小李领他到仓库去看看。小李面对朋友，"不"字说不出口。于是他笑着说："前几天经理刚宣布过，不准任何顾客进仓库。"尽管小李的朋友心中不大满意，但毕竟比直接听到"不行"的回答减少了几分不快。

（4）借故拖延。

某单位一名职工找到车间主任要求调换工种，车间主任心里明白调不了，但他没有马上回答说："不可能。"而是说："这个问题涉及好几个人，我个人决定不了。我把你的要求带上去，让厂部讨论一下，过几天答复你，好吗？"

这样回答可让对方明白：调工种不是件简单的事，存在着两种可能，使对方思想有所准备，这比当场回绝效果要好得多。

（5）限定苛刻的条件。

有位名作家应邀演讲，课排在下午第一堂，又是大热天，是学生最爱打瞌睡的时候，他一上台，就声明说：

"在这闷热的午后，要各位听我这老头儿说话，一定会想打瞌睡，我想没关系，各位可以安心地睡。但是有两个原则要遵守，一是姿势要雅，不可趴在桌上；二是不准打呼噜，以免干扰别人听讲。"

语毕，全堂哄然大笑，瞌睡虫一扫而空。这种表面同意，其实是禁止的说话艺术，常能发挥劝止的功效。

（6）先肯定后否定。

有时对方提出的要求有一定的合理性，但因条件的限制又无法予以满足。这种情况下，拒绝言辞要尽可能委婉，予以安慰，使其精神上得到些许满足，以减少因拒绝产生的不快和失望。在语言表达上可采用"先肯定后否定"的形式，要委婉，留有余地。

一家公司的经理对一家工厂的厂长说："我们两家搞联营，你看怎么样？"厂长回答："这个设想很不错，只是目前条件还没有成熟。"这样既拒绝了对方，又给自己留了后路。

（7）隐晦曲折提出另外的建议。

有时，对一些明显不合情理或不妥的做法必须予以回绝。但为了避免因此引起冲突，或由于某种原因不便明确表示，可采用隐晦曲折的语言向对方暗示，以达到拒绝的目的。请看下面一段对话：

甲："我们的意图是使下一次会议能在纽约召开，不知贵国政府以为如何？"

乙："贵国饭菜的味道不好，特别是我上次去时住的那个旅馆更糟糕。"

甲："那么您觉得我今天用来招待您的法国小吃味道如何？"

乙："还算可以，不过我更喜欢吃英国饭菜。"

乙方用"美国饭菜不好""法国的饭菜还可以""喜欢吃英国饭菜"，委婉含蓄地拒绝了在美国、法国开会的建议，暗示了希望在英国举行会议的想法。

（8）借用对方的言语。

吴佩孚的势力日渐强大，成为权倾一方的实力人物。

一天，他的一位同乡前来投靠他，想在他那儿谋个事儿做。吴知道那位同乡才能平平，但碍于情面，还是给他安排了一个上校副官的闲职。不久那位同乡便嫌弃官微职小，再次请求想当个县长，要求派往河南。吴佩孚听了，便在他的申请书上批了"豫民何辜"四个大字，断绝了他的念头。谁知过了些时间，那人又请求调任旅长，并在申请书上说："我愿率一旅之师，讨平两广，将来班师凯旋，一定解甲归田，以种树自娱。"看到同乡这样没有自知之明，吴佩孚真是又好气又好笑，于是又提笔批了"先种树再说"五个大字。

（9）避实就虚法

当别人要求你公开某些情况，而你不想或不能做出一些明确的回答时，可以采取避实就虚的手法，避免实质性回答。

1945年美国在日本扔下两颗原子弹后，美国新闻界一个

第五章 礼貌拒绝，不尴尬的表达艺术

突出话题是猜苏联有多少原子弹。当苏联外长莫洛托夫率代表团访问美国时，在下榻的旅馆门前被一群美国记者所包围，有记者问莫洛托夫："苏联有多少原子弹？"莫洛托夫绷着脸说："足够！"这样的回答避其话锋，保守秘密，同时又显示了苏联人民的自尊和力量。

（10）改变话题法。

如不愿回答别人向你打听的事情时，可用巧妙变换话题的方法，让对方处于被动地位，从而改变意图。

一名外国记者有意发问："请问，对台湾问题，中国政府所采取的最后措施是什么？"

外交人员冷静地答道："请阁下相信，我们最终会解决这个问题的。而我倒真有点担心，如果贵国反政府运动继续发展下去，贵政府是否具有维持现状的能力。"

这样的回答，有意改变话题，达到巧妙拒绝的目的，而且语带讥讽：本国政府连现状都难以维护，你还是多关心关心本国的事情吧！这样就把握了主动权。

（11）以鼓励的方式拒绝。

某人在屋檐下躲雨，看见一个和尚正撑伞走过。某人说："大师，普度一下众生吧？带我一程如何？"

和尚说："我在雨里，你在檐下，而檐下无雨，你不需要我度。"

某人立刻跳出檐下，站在雨中："现在我也在雨中了，

125

该度我了吧?"

和尚说:"我也在雨中,你也在雨中,我不被淋,因为有伞;你被雨淋,因为无伞。所以不是我度你,而是伞度我,你要被雨度,不必找我,请自找伞!"说完便走了。

(12) 幽默轻松,委婉含蓄。

办事都要讲求原则,不符合原则的事儿坚决不能办。如果某人向你提出要求,是不符合原则的,不答应办,这就叫坚持原则。不能为保持一团和气而丧失立场,不论什么样的关系,该拒绝的一定要拒绝。讲究灵活性,很重要的一点是委婉含蓄。

有人想让庄子去做官,庄子并未直接拒绝,而是打了一个比方,说:"你看到太庙里被当作供品的牛马吗?当它尚未被宰杀时,披着华丽的布料,吃着最好的饲料,的确风光,但一到了太庙,被宰杀成为牲品,再想自由自在地生活着,可能吗?"

庄子虽没有正面回答,但一个很贴切的比喻已经回答了,让他去做官是不可能的,这种方法就是委婉的拒绝法。

5. 把"不"大胆地说出口

有些人天生害怕说"不",害怕别人否认自己的能力,害怕驳了别人的面子。殊不知一味地接受只能使自己越来越麻烦,而

第五章 礼貌拒绝，不尴尬的表达艺术

一时的尴尬却可以换来永远的宁静。因此，有时也要把"不"大胆地说出口。

前几年春节联欢晚会上也曾演出过这样一个小品：一个人为了避免别人瞧不起自己，假装自己手眼通天，别人求他办事，不管有多大困难一概来者不拒。为了帮别人买两张卧铺票，不惜自己通宵排队，结果闹出了笑话。

也许艺术有所夸张，但生活中的确不乏其人。他们不善于拒绝别人，认为拒绝别人会伤害彼此的友谊，于是经常违心地答应别人的要求，结果不仅浪费了大量时间，自己也经常觉得不自在。学会拒绝别人，可以节省大量的时间，避免许多不必要的麻烦。

诚然，与人交往和帮助别人是重要的，但更要懂得珍惜时间，就应该学会说"不"。这里就有必要提醒大家：当自己不是心甘情愿时，别害怕讲"不"字。那么在什么场合应该说"不"呢？现举出几例：

（1）当别人所期待的帮助是完全出于只考虑他个人利益的时候。

假如一个朋友打算请你深夜开车送他到机场。而你确信他可以"打的"去，而如果你去送他，不但影响一夜睡眠，还会影响次日安排，你就要考虑拒绝。当然，如果他是顺路想搭你的车，只是要你等他几分钟的话，你就应尽力帮忙。

（2）当有人试图让你代替完成其分内工作时。

偶尔为别人替一两次班关系不大，如果形成习惯，别人就会

127

对你产生依赖性，变成你义不容辞的义务。

（3）你准备晚上写点东西或做点家务，朋友却邀请你去聚会。

如果是千里之外的朋友偶然来聚当然另当别论。

当然生活中的类似场合远不止列出的这些，总之，只要考虑到可能给自己带来某些不方便，就要考虑说"不"，除非因此会给别人带来更大的麻烦。也许你会说：我何尝不想拒绝，但该怎样拒绝呢？

以下有几个建议：

（1）立即答复，不要使对方对你抱有希望。

要打消为避免直接拒绝而寻找脱身之计的念头。请不要说："我再想想看"，或"我看看到时候行不行"等等。明确地告诉对方："实在抱歉，这是不行的。"

（2）如果你想避免生硬的拒绝，就提出一个反建议。

假如朋友打电话问道："今天晚上去跳舞吧！"你不想去，就可以说："哎呀，今天晚上可不行，改日我邀请你吧。"

（3）不要以为每次都有必要说明理由。

在很多时候，你只要简单地说一句："我实在有更要紧的事要做。"就可得到绝大多数人的谅解。

只要我们充分认识到过多参与不必要应酬的危害，知道自己在什么情况下该拒绝别人，并且在拒绝的时候采取正确的方法，我们就能节省大量的时间，而且不至于因此而发生人际关系方面的问题。

第五章 礼貌拒绝，不尴尬的表达艺术

6. 拒绝上司有妙招

拒绝上司需要一种高超的策略。那么，该怎样拒绝才能达到自己的目的，又尽量不得罪上司呢？

让我们看看陶行知先生拒绝的艺术或许对我们有一些启示：

陶行知在南京高等师范学校任教务主任。有一次，高师附中招考新生。国民党政府一位姓汪的高级官员的两位公子也来报考。可是，这两位公子平日只知吃喝玩乐，从不认真读书、学习，属于不学无术的花花公子。结果，考试成绩低劣，未被录取。那位汪长官便打电话给南京高等师范学校找陶行知，要陶行知通融一下，录取他的两个儿子入学。陶行知婉言拒绝。

第二天，汪长官派自己的秘书亲自到校找陶行知当面求情。这位秘书一见陶行知便说明来意，请陶行知在录取两位汪公子入学问题上高抬贵手。

陶行知郑重地告诉来者：

"敝校招考新生，一向按成绩录取，若不按成绩，便失去了录取新生的准绳，莘莘学子将无所适从。汪先生两位令郎今年虽未考取，只要好好读书，明年还可再考嘛。"

秘书见陶行知毫无松口之意，便以利诱的口吻说道：

"陶先生年轻有为，又有留洋学历，只要陶先生在这件事上给汪先生一个面子，今后青云直上，何患无梯，眼下汪

129

先生就会重重酬谢陶先生的。"

说罢，从皮包取出一张银票递了过来："这是汪先生一点小意思，希望陶先生笑纳。"

陶行知哈哈大笑，推开秘书的手，说："先生，我背一首苏东坡的诗给你听听：'治学不求富，读书不求官。比如饮不醉，陶然有余欢。'请你上复汪先生，恕行知未能从命。"

秘书满脸通红，他站起来，收起银票，改用威胁的口气说："但愿陶先生一切顺利，万事如意，将来切莫后悔。"

说罢，悻悻而去。

陶行知先生运用引用的方式来明志和拒绝，可以说是一种有效的策略。但是，弄得秘书恼羞成怒地悻悻而去，就容易给自己造成隐患，所以不能算一种高超的策略。

无独有偶，下面某教育科长的拒绝更高一筹：

冯先生是某教育局的人事科长，经常处于矛盾的包围之中，上级的话他不得不听，违心的事也要办；下边的事不敢应，一应就是一大串，他的官当的苦不堪言。

一次，刘副局长让他想办法将其自费毕业的侄子安插到某中学去。这不符合政策，让冯科长很为难，因为一旦出现问题，承担责任的是他，而非刘副局长；这时他想起了回避锋芒，不直接对抗的退让之法，便小试牛刀。

冯科长对刘副局长说："好，我会尽心为你办这件事的，你让你的侄子把他的毕业证、档案材料给我送过来。"

刘副局长的侄子来了，但只有档案材料，没有毕业证，因为他虽读完了两年学制，但学业不精，自学考试才通过了七门，哪来的毕业证，冯科长让他先回去等候通知。

过了几天，刘副局长又过问这件事情，冯科长先说了说他侄子的情况，随后说道："刘局长，你说话算数，你给那所学校的校长谈谈，只要他们接收，我这就把关系给开过去。"

刘副局长从冯科长的话里显然已听出了弦外之音，只好说："那就先放放再说吧。"

冯科长对刘副局长没有采取直接对抗的方法，而是欲擒先纵、回避锋芒，达到了保护自身的目的。

官场上的矛盾、冲突、痛苦，使大部分人都会处于战争状态。用欲擒先纵的办法，回避锋芒，不直接对抗，能让你的心灵自在、祥和，矛盾也会在迂回曲折中得到妥善解决。一旦回避了锋芒，你就会发现事情原本可以很简单。识时务者为俊杰，当你处于矛盾的漩涡中时，当你处于矛盾的焦点时，你不妨暂退让一步，再伺机推托。

7. 拒绝求爱有方法

如果爱你的人正是你所爱的人，那么被爱是一种幸福。但是，假如爱你的人并不是你的意中人，或者你一点也不喜欢他，你就不会感觉被爱是一种幸福了，你可能会产生反感甚至是痛苦，这份你并不需要的爱就成了你的精神负担。

别人爱你，向你求爱，他（她）并没有错；你不欢迎，你

学会表达 懂得沟通

拒绝他（她）的爱，你也没错。最关键的是看你怎样拒绝，如果拒绝得恰到好处，对双方都是一种解脱，也可以免去许多麻烦。如果你不讲方式，不能恰到好处地拒绝别人求爱，你就可能犯错误，不但伤害他人，说不定也危害自己。

初次交朋友，你也许曾经有过这样的左右为难，因为她或他的条件实在让人爱不起来。但是，由于是你的上司介绍的，或者是上司的子女，使你在拒绝上产生了犹豫，虽然每次见面都会使你感到不舒服、不愉快，你一想到对方的身份、上司的威严，屡次想谢绝却又不好开口。有时候，也许你为了顾全对方的面子而难以开口说个"不"字，或者慑于对方的威严，你不知所措。你被这份多余的爱折磨得痛苦不堪，不知该如何去做。生活中处在这种矛盾中的人太多了。有些人遇到这些情况时不知该如何拒绝，因处理不当，造成了很不好的后果。

怎样对爱你的人说出你的不爱，并在不伤害对方的情况下，让他接受这个事实呢？

拒绝求爱的方法有多种，从形式上，可以用短信，可以口头交谈，也可以QQ留言。但不管用什么样的方法，一定要做到恰到好处。以下几点建议，可供你参考：

（1）直言相告，以免误会。

你若已有意中人，又遇求爱者，那么就直接明确地告诉对方，你已有爱人，请他另选别人，而且一定要表明你很爱自己的恋人。同时，切忌向求爱者炫耀自己恋人的优点、长处，以免伤害对方的自尊心。

（2）讲明情况，好言相劝。

倘若你认为自己年龄尚小，不想考虑个人恋爱问题，那就讲明情况，好言劝解对方。

（3）婉言谢绝。

倘若你不喜欢求爱者，根本没有建立爱情的基础，可以在尊重对方的基础上，婉言谢绝。对自尊心较强的男性和羞涩心理较重的女性，适合委婉、间接地拒绝。因为有这类心理的人，往往是克服了极大的心理障碍，鼓足勇气才说出自己的感情，一旦遭到断然地拒绝，很容易感觉受伤害，甚至痛不欲生，或者采取极端的手段，以平衡自己的感情创伤。因此拒绝他们的爱，态度一定要真诚，言语也要十分小心。你可以告诉他（她）你的感受，让他（她）明白你只把他（她）当朋友、同事或者当兄妹看待，你希望你们的关系能保持在这一层面上，你不愿意伤害他（她），也不会对别人说出你们的秘密。

你不妨说：

"我觉得我们的性格差异太大，恐怕不合适。"

"你是个可爱的女孩，许多人喜欢你，你一定会找到更合适的人。"

"你是个很好的男人，我很尊重你，我们能永远当朋友吗？"

"我父母不希望我这么早谈恋爱，我不想伤他们的心。"

如果是自尊和羞涩感都挺重的人没有直接示爱，只是用言行含蓄地暗示他（她）的感情，那么，你也可以采取同样的办法，用暗含拒绝的语言，用适当的冷淡或疏远来让他（她）明白你的心思。

要记住，拒绝别人时千万不要直接指出或攻击对方的缺点或弱点，因为你觉得是缺点或弱点的东西，对方或某些人也许并不认为是缺点。所以，不能以一种"对方不如自己"的优越感来拒绝对方。特别是一些条件优越的女青年，更不能认为别人求爱是"癞蛤蟆想吃天鹅肉"，一推了之，或不屑一顾，态度生硬，让人难以接受。

（4）冷淡、果断。

如求爱者是那种道德败坏或违法乱纪的人，你的态度一定要果断。拒绝要冷淡，对这类人也无必要斥责，只需寥寥数语，表明态度即可，但措辞语气要严谨，不使对方产生"尚有余地"的想法。

对嫉妒心理极强的人，态度不必太委婉，可以明确地告诉他（她），你不爱他（她），你和他（她）没有可能，这样可以防止他（她）猜忌别人。如果你另有所爱，最好不让他（她）知道，否则可能加剧他（她）的妒恨心理，甚至被激怒而采取极端的报复行为。

另外，对方在你回绝后，如果还一个劲地缠住你，那么，你首先要仔细检查一下自己的回绝态度是否明确和坚决，对方是否产生了误解；其次可以向组织汇报，通过双方领导或组织出面劝说；如果对方威胁你，那么你不要怕，要及时向领导汇报，通过组织做思想工作。

第六章 迂回委婉，不粗鲁的表达艺术

一个人会沟通，巧说话，就能够准确自如、恰到好处地表达自己的思想和感情；能够通过谈话，增进彼此之间的了解，与他人建立良好、和谐的关系。掌握沟通中的原则和技巧，将有助于你展示超凡脱俗的口才魅力。

第六章 迂回委婉，不粗鲁的表达艺术

1. 含蓄说话麻烦少

在交际场合，我们经常需要向别人表达一些不太好说的意思，比如请求、谈判、批评等。这些话之所以不容易说出口，是因为人类具有自尊心，谁都不愿意遭到拒绝、指责和冷遇。一般人内心深处都有自身比较完美的想法，认为自己应该是最好的，一旦现实与心愿不符合，自尊就会受到挫伤，从而转变成伤悲、仇恨、鄙视、嫉妒等恶劣的情绪表现出来。因此，有些话说不好，就会得罪人，为自己招麻烦。

一位顾客进了一家地毯商店，看上了一款地毯。

顾客问道："这种地毯多少钱？"

店老板立即热情地接待了他，回答道："每平方米24元8角。"

顾客听完这句话，什么都没都说就走了。显然，他觉得价格有点高。

店老板的一位朋友在旁观察，他说："你的推销方式太陈旧了，应该换一种方式。"于是他试着以营业员的口吻说："先生，这地毯不贵。让您的卧室铺上地毯，每天1角钱就够了。"

老板大为不解，这位朋友忙解释道："假设卧室地毯需要10平方米的话，要248元；地毯寿命为5年，计1800多天，每天不就是1角多钱吗？一支香烟钱都不到。"

老板一拍大腿，恍然大悟地说："高！你这一招一定灵。"

果然，自从老板对顾客换一种表达方式后，商店的生意就好多了。

好在语言具有多样化的特点，一样的意思可以用多样的话说出来，而斤斤计较的人听到用不同的说法讲出的同样意思，也会有不同的反应。这种情况使智慧的说话方式大有用武之地，也向我们证明：人类作为高等动物所独有的自尊心，可以被某些智者所利用而达到其目的。

比如，你要批评一个人所写的文章，如果直言不讳，显然会令对方难堪。但是，你可以换个说法，找出他的文章中一些可取之处，先满足他的自尊心，待他兴高采烈，视你为知音的时候，再把批评化作建议提出来，这样他会心悦诚服地接受你的意见，还对你很钦佩。你可以这样说："我一看开头就想看下去，我发现你一贯擅长把开头写得引人注目，勾起人的好奇心。要是结尾不是这样写，而是换一种思路，可能就更能与开头相呼应了，你说呢？"

既然没有触及对方的自尊心，那么他当然会冷静虚心地考虑你的意见。

因此，说什么固然重要，但怎么说更为关键。人的情绪常常蒙蔽了人的眼睛，使他看不透语言背后的含义，而只能最浅薄地从对方的用语上来理解。

你完全可以表面上说他爱听的话，而把真正意图隐藏在这些话里，也就是"话里有话"，让他心甘情愿地跟着你的思路走。

第六章 迂回委婉，不粗鲁的表达艺术

在什么情况下说话要含蓄呢？

（1）有些话不便直说时，要用含蓄的方式。

人们谈起《水浒传》里的鲁智深，便会立即想起他那心直口快的"直炮筒"形象来。其实，即使是最直率的鲁智深，有时也离不开委婉，说话也有含蓄的时候。电视剧《鲁智深》写鲁智深三拳打死镇关西后，为了逃避官家的追捕，只得削发为僧。剧中有这样一段台词：

法师：尽形寿，不近色，汝今能持否？
智深：能。
法师：尽形寿，不沾酒，汝今能持否？
智深：能。
法师：尽形寿，不杀生，汝今能持否？
智深：（犹豫）
法师：（高声催问）尽形寿，不杀生，汝今能持否？
智深：知道了。

要鲁智深不近女色不饮酒，他能做到；要他不惩杀世间的恶人，实在难以做到。但此时若答"不能"，则法师必不许其剃发为僧，他就无处藏身了，因此来一个灵活应付，回答"知道了"。法师面前过得关，又不违背自己的本意，真是两全其美。

（2）有些话不必直说时，要用含蓄的方式。

从前，有个酒店老板，脾气非常暴躁。一天，有个客人来喝酒，才喝了一口，嘴里便叫："好酸！好酸！"老

板听后大怒，不由分说，把客人绑起来，吊在屋梁上。这时来了另一位顾客，问老板为什么吊人，老板回答："我店的酒明明香醇甜美，这家伙硬说是酸的，你说该不该吊人？"来客说："可不可以让我尝尝？"老板殷勤地给他端了一杯酒，客人呷了一口，酸得皱眉眯眼，对老板说："你放下这个人，把我吊起来吧？"

这位客人委婉含蓄的说法，既收到强烈的讽刺效果，又显得非常艺术。

有人曾问美国前总统林肯："你当总统的滋味如何？"林肯回答道："你听说过一个故事么？有个人全身被涂上焦油并裹上羽毛，用火车运到城外。"这个人问到底："这滋味究竟如何？"林肯说："要不是为了这事的荣誉，我宁可走路。"

真是说得含蓄、得体。一句话既不失当总统的荣誉，又使人体会到当一位大国总统的艰辛。

（3）为了增强交际的效果，要用含蓄的方式。

美国有一位传奇式的篮球教练，叫佩迈尔。他带领的迪尔大学篮球队曾获得39次国内比赛的冠军，使球迷们为之倾倒。可是有一年，他的球队在蝉联29次冠军后，遭到一次空前的惨败。比赛一结束，记者们蜂拥而至，把他围个水泄不通，问他这位败军之主此时此刻有何感想。他微笑着，不无幽默地说："好极了，现在我们可以轻装上阵，全力以赴地去争夺冠军，背上再也没有冠军的包袱了。"

第六章 迂回委婉，不粗鲁的表达艺术

这便是说话委婉含蓄的美妙之处。

2. 正话反说，避免尴尬

人们常说，真理向前一步就可能变成谬误。同理，反面的话稍加引申就可能成为反面的反面——正面。

在人际交往中，我们常常需要通过讲道理来说服别人。学会适当的时候说适当的话，就是要学会察言观色、把握时机，根据不同的对象、不同的场合，说恰如其分的话。有些话直接说可能会使对方不能接受，为了避免尴尬，不妨正话反说。

汉武帝刘彻有位乳母，在宫外犯了罪，被官府抓了，并禀告汉武帝。汉武帝心中十分为难，毕竟是自己的乳母，滴水之恩当涌泉相报，何况自己是她用乳汁养大的。但是，天子犯法与庶民同罪，如果不处置她，有失自己天子的尊严，以后何以君临天下。思来想去，汉武帝决定以大局为重，依法处置自己的乳母。

乳母深知汉武帝的为人，知道自己凶多吉少，便想起了能言善辩的东方朔，请求东方朔帮自己一把。

东方朔也颇感为难，他想了想说："办法也有，但必须靠你自己。"

乳母急切地问："什么办法？"

东方朔说："你只要在被抓走的时候，不断地回头注视

141

皇帝，但千万不要说话，也许还有一线希望。"

乳母虽不解其中玄机，但还是点了点头。

当传讯这位乳母时，她有意走到汉武帝面前向他辞行，用哀怨的眼神注视着汉武帝，几次欲言又止。汉武帝看着她，心里很不是滋味，有心想赦免她，又苦于君无戏言，无法反悔。东方朔将这一切看在眼中，知道时机成熟了，便走过去，对那位乳母说：

"你也太痴心了，如今皇上早已长大成人，哪里还会再靠你的乳汁活命呢？你不要再看了，赶紧走吧。"

汉武帝听出了东方朔的话外之音，又想起了小时候乳母对自己的百般疼爱，终于不忍心看乳母被处以刑罚，所以法外开恩，将她赦免了。

东方朔的正话反说终于救了乳母。

当我们遇到一些不愉快的事情时，用正话反说的方法可能会收到更好的效果。

对那些从事特殊工作的人们，在说话时更要看清对象，学会正话反说。反之，会给人带来不幸。

某护士刚从医学院毕业，怀着满腔热情到市里的一家医院实习。实习的第一天，带她的医生让他到6床通知病人，把病情好好跟病人说一下，告诉他只剩下6个月的时间了。

护士听完医生的话，就拿着6床的病历到了病房。一进病房她就大声喊道："6床的病人做好心理准备啊，你只剩下6个月的时间了。"病人听完后一下子承受不住，当场就

第六章 迂回委婉，不粗鲁的表达艺术

昏了过去。主治医生知道后狠狠地教训了她："病人因为身体的疾病已经很痛苦了，你怎么可以这样直接就告诉他呢？万一出现什么后果，你负得起责任吗？"

我们不能评价这个护士没有能力，但是她的语言表达方式实在令人不敢恭维。

在客客气气的社交谈话中，有时实话实说是致命伤。别误解，这不是在鼓励说谎。这里讲的是一种说话艺术。

我们必须牢记"说话莫忘看场合"，该反说时就反说。因为心理学告诉我们，在不同的场合中，人们对他人的话语有不同的感受、理解，并表现出不同的心理承受能力，正因为受特定场合心理的制约，有些话在某些特定环境中说比较好，但在另外的场合中说未必佳；同样的一句话，在这里说和在那里说效果就不一样，说什么，怎么说，一定要顾及说话环境，才能取得良好的说话效果。总之，唯有巧妙地利用语境，做到情境相宜，才能攻破人们的心理防线。

3. 良言一句三冬暖

每个人都有所长，亦有所短，要"避免矛盾、稳中求安"，善于发现对方身上的优点，而不要抓住别人的隐私、痛处大做文章。

在现实生活中，我们常会遇到这种情况：一句诚实、有礼貌的语言，可止息一场不愉快的争吵；一句粗野污秽的话，可导致

学会表达 懂得沟通

一场轩然大波。"良言一句三冬暖,恶语伤人六月寒"就是这个道理。有人说言语是思想的衣裳,谈吐是行动的羽翼。它可以表现一个人的高雅,也可以表现一个人的粗俗。言谈高雅即行动之稳健;说话轻浮即行动之草率。

大家知道,相声是一门语言艺术。其实,相声正是很好地利用了语言这种交流工具,巧妙地调动听者的情绪,让听者兴奋起来,大声笑出来,它足以说明善说与不善说的区别,很难想象一个人想什么就直接说什么会演好相声。正如平时,话说得合适,不仅能体现出自身修养的高雅,也能够让别人很舒服地接受你的观点或意见,使人愿意接近你,没有谁喜欢那种经常用恶语伤人的人。

有一个朋友过生日,请亲戚朋友吃饭。他特意穿上了以前去香港旅游时买的一件乳白色的蚕丝衬衫,自我感觉非常好。酒席宴前,他神采奕奕地向大家敬酒。结果一个朋友突然冒出了一句:"哥们儿,这衬衫可过时了啊!什么年代的东西了?看,上面什么啊,疙疙瘩瘩的!"过生日的这个朋友听了脸色很是不好看,半天都说不出一句话,这时有人赶紧站起来打圆场,对那个不会说话的朋友说:"你这小子外行了吧!这是蚕丝衬衫,价格贵着呢。而且这种衬衫不会有褶皱,不管多少年,照样跟新的一样。"饭桌上的其他人也立即应和着,纷纷称赞主人的衬衫珍贵而漂亮。过生日的朋友舒心地笑了,只是短短的几句话使这顿生日宴会又在欢乐的气氛中继续进行。

第六章 迂回委婉，不粗鲁的表达艺术

还有一个事例：

有一位业务素质很好的员工，因为与某位上司意见不合，在公司改组过程中，被精减到车间。他很消沉。许多人劝他说："这样对你不公平，还是跳槽吧。"在别人怂恿下，他打好辞职报告，准备递交。但是，有一位老友却对他说："世上没有过不去的坎，我相信你会东山再起的。"这句话对他帮助很大，他觉得只要自己不放弃，就还会有机会。他认真做好自己的工作，在车间里仍然好评如初。过了一年，那位上司调走了。新一届领导班子上任，他理所当然地被抽调到公司经营部门。现在，他已是公司的副总经理了。

这位员工的老友用鼓励的语言化解了他内心的疙瘩，这就提醒我们说话时要多讲良言。

谈话中，习惯用礼貌语言就会给人"良言一句三冬暖"的感觉，使感情顿时亲切融洽起来。说话要分场合、要看"人头"、要有分寸，最关键的是要得体。不卑不亢的说话态度，优雅的肢体语言，活泼俏皮的幽默语言……这些都属于语言的艺术。娴熟地使用这些语言艺术，你的人生会更成功！

4. 实话不一定要直说

与人谈话要注意委婉周全，如果口无遮拦，直来直去往往会带来不良的效果，害人害己。

　　生活中有些人快人快语，有啥说啥，话无禁忌，不知道什么该说、什么不该说。如果是在一个熟悉的环境里，大家都知道你的个性，可能无所谓。但是，在陌生环境中，和你不熟悉的人想说什么就说什么，不分场合、不分对象是绝对不可以的。

　　那么，在和同事、领导交流中，我们就一定要掌握说话、办事的艺术，什么话该说或不该说，要拿捏得准确。有时候，吃亏就是因为说了不该说的话。

　　邱先生在一家知名外企做事。有一次，项目经理告诉他，要给单位做一个宣传方案的策划，经过大家讨论后，邱先生完全按照项目经理的意思加班加点，并顺利完成策划。但是，当策划方案交到单位该项目主管那里后，他却被狠批了一通。

　　在领导面前，邱先生说，这方案是他们小组所有人讨论的结果，而且，他们项目经理也非常赞同，这个策划案60%都是项目经理的想法。可没想到领导直接把项目经理叫来，当面对质。主管领导追问项目经理："听说这都是你想的，就这种东西还能叫方案，还值得你们那么多人来集体策划？我看你这个项目经理还是不要当了。"

　　从主管领导的办公室出来后，他又被项目经理狠批了一顿。项目经理告诫他，以后说话前动点脑子，别一五一十把什么都说出去。

　　可见有些话真不该说，正所谓话到嘴边留三分。而面对一些

第六章 迂回委婉，不粗鲁的表达艺术

揭人短的老实话更是万万不能轻易出口。

张小姐在国家某机关做办公室文员，她性格内向，不太爱说话。可每当就某件事情征求她的意见时，她说出来的话总是很伤人，而且她的话总是在揭别人的"短处"。有一次，同一部门的同事穿了件新衣服，别人都称赞"漂亮""合适"之类的话，可当人家问张小姐感觉如何时，她便毫不犹豫地回答说："你身材太胖，不适合。这颜色对于你这个年纪的人显得太嫩，根本不合适。"

这话一出口，原本兴致勃勃的同事表情马上就僵住了，而周围大赞衣服好的人也很尴尬。因为，张小姐说的话就是大家都不愿说的得罪人的"老实话"。虽然有时她也很为自己说出的话不招人喜欢而后悔，但她总是忍不住说些让人接受不了的实话。久而久之，同事们都把她排除在集体之外，很少就某件事再去征求她的意见。她也成了这个办公室的"外人"。

有些人不懂得说话时掌握分寸，"快人快语"在人际交往中容易得罪他人，会致使自己在人际关系上屡遭挫折。

王先生得了绝症，本人并不知情，亲人到处求医问药为他治疗，效果不错，病人的精神状态也很好。一日，王先生的朋友李先生来看望他，李先生大大咧咧问病情有什么进展，并且说，这种病80%是没有希望的。王先生受不住这突来的刺激，病情急剧恶化，最后不幸身亡。家属对李先生强

烈指责，从此断绝了来往。

千万要记住，不要以心直口快作为挡箭牌，心口一致固然好，但要留个把门的，该直则直，该婉则婉。即使需要直接对别人提出批评时，也应讲究方式方法，让对方理解你真是为他好，从而引起他发自内心的自我批评，才会起到批评的效果。

一天中午，查尔斯·施瓦布路过炼钢车间，发现几个工人在抽烟，而就在他们的头上，挂着一块写有"禁止吸烟"字样的牌子。这位老板怎么教训他的伙计们呢？痛斥一顿吗？拍着牌子说："你们不识字吗？"不，都不是。老板深谙批评之道，他走到这些人跟前，递给每人一支雪茄，说："年轻人，如果你们愿意到别处去吸烟，我将非常感谢。"胆战心惊的工人们心里有数，头儿知道他们坏了规矩，但他什么也没有说，相反送给每人一支雪茄。他们感到了自己的重要，保住了面子，也因此而更加敬重自己的上司。这样的头儿谁会不喜欢呢？

同样，如果在谈话时能够灵活机警，则会同样带来意想不到的效果。

相传古时某布政使请按察使喝酒。席间，布政使因自己的儿子太多而表示忧虑。按察使只有一个儿子，又为儿子太少而发愁。一案吏在旁边说："子好不须多。"布政使听了这话，于是说："我的儿子多，又怎么办呢？"那位案吏回答说："子好不愁多。"二人皆大欢喜，大加赞赏，一起

第六章 迂回委婉，不粗鲁的表达艺术

举杯痛饮。

所以，一个心理成熟、懂得社交技巧的人应该知道，在什么时候该以怎样合适的方式说话。实话不一定要直说，而可以幽默地说、婉转地说或者延迟点说，私下交流而不是当众说，等等。同样是说实话，用不同的方式说，效果会有很大的不同。

5. 语言也需要"包装"

舌头是一把双刃剑，它可以让我们成功，也同样可以让我们失败。所以，好好包装一下，把话说好，在生活中就无形多了一种资本。

狄摩西尼曾说过："一条船可以由它发出的声音知道它是否破裂，一个人也可以由他的言论知道他是聪明还是愚昧。"

俗话说得好，"佛要金装，人要衣装。"商品要有新颖的包装才会吸引顾客，女人要有漂亮的衣裳才能更显现出她的美丽风姿。而说话也要像商品和衣服一样，需要经过优美的包装才能让人接受和信服。这就是包装的魅力。

（1）难以启齿的话，要用机智与笑话包装起来。

每个人在日常生活中，都会遇到必须讲一些难以启齿的话的时候。这时候，如果直接说"实在很伤脑筋""很麻烦"，很可能引起对方的反感，或者让对方产生不快。如果把想说的话用机智与笑话来传达，以这种委婉的方式，对方就会一笑置之，既不伤害到对方，说话人心里也不会有很重的负担。

纪晓岚是众所皆知的机智才子，此外，他还是个绝佳的沟通高手。纪晓岚在小的时候就已经有非常了不起的语言才能了。有一次，他和几个孩子在路边玩球，一不小心，把球丢进了一个轿子里。

大家匆匆忙忙地跑过去一看，这可不得了！轿子里坐的竟然是县太爷，不仅如此，皮球还不偏不倚地击中了他的乌纱帽！

"是谁家的孩子胆敢在这里撒野？"乌纱帽被天外飞来的一球打歪的县太爷怒斥道。孩子们一哄而散，唯独纪晓岚挺着胸膛，走上前想讨回皮球。

纪晓岚恭敬地对县太爷说："大人政绩卓越，百姓生活安乐，所以小辈才能在这里玩球。"县太爷一听，气马上消了一半，他笑着说："真是个小鬼灵精！这样吧，我出个上联给你对，要是你对得上，我就把球还给你。"

县太爷环顾了一下四周，出了道题目："童子六七人，惟汝狡！"

纪晓岚眼睛一转，说出了下联："大爷二千石，独公……"

"独公什么？赶快说啊！"

"大人，如果把我的球还给我就是'独公廉'，要不然就是'独公……'"纪晓岚故意支支吾吾地不说下去。

县太爷看到这种情形，不由得哈哈大笑，他一边把皮球还给纪晓岚一边笑骂道："好小子，真有你的！我才不要中了你的圈套，成了'独公贪'咧！"

第六章 迂回委婉，不粗鲁的表达艺术

（2）警告别人时不要指出缺点，而要强调如果纠正过来会更好。

有位公司经理慨叹纠正别人实在难，稍微提醒一下部属，部属不是置之不理，就是越变越坏。这位经理只是指出对方的缺点加以批评而已。他如果换一种方式，强调矫正过来会更好，那就会是另一种情况。

有位足球教练在纠正球员时，不说"不行，不对"而说"大致上不错，但如果再纠正一下……结果会更好"。他并非否定球员，而是先加以肯定再修正，也就是说先满足对方的自尊心，然后再把目标提高。如果只是纠正、警告的话，只会引起球员的反感，不会有任何效果可言。

（3）在传达坏消息时，要附加一句"令人无法相信"。

在传达坏消息，心情总是沉重的。所以，这种时候正需要一些思考。

直接说"你有什么什么谣言"，前面加一句"虽然我不相信……"那么对方所受到的冲击就会轻很多。有一位教师，他对成绩退步的学生说："实在难以置信，你考这样的分数。"如果老师能换一种方式说话，那位同学下次成绩一定会提高。倘若只是传达事实的话，机器人也办得到，但效果却不会令人满意。但是，"令人难以置信"这句话显示出的则是机械所不具备的机灵。

（4）不小心提到对方的缺点时，要加上赞美的话。

想必每个人都曾有过不小心说话伤到对方或对对方不礼貌

的时候。话一旦说出来就无法收回,现场气氛就不好了。这种情形大多数人会连忙辩解,或者换上温和一点的措辞,这实在不是好方法,因为对方认为你心里这么想才会出言不逊。这种时候不要去否定刚才说出来的话,要尽量沉着,若无其事地附带说道:"这就是你吸引我的地方,但是,你也有什么什么优点,所以表面上的缺点更显得有人性。"

(5)假托第三者传达对对方的批评可以一石二鸟。

某企业的经理说,他的公司有几位兼职的女职员言谈很不高雅,甚至对他这个上司说起话来像对待朋友一样。有一天,他告诉一个已经任职两三年的女职员:"最近的年轻人说话有点随便,请你代我转告一下好吗?"结果却很令人意外。那几个兼职的女职员谈吐多少有所改善,而那个负责转告的女职员对自己的谈吐最为小心翼翼。恐怕是"最近的年轻人"这句话让那个女职员觉得自己也包括在内。

这个女职员的情形,连主管也意想不到。这也可以用作批评别人时的方法,也就是说托诸"第三者"而不要直接批评,如此一来,对方就会虚心接受而不太会产生反感。但是这种托诸"第三者"的批评,要掌握好尺度,不要太过明显,让人觉得像"指桑骂槐"就不好了,这一点应当多加注意。

虽说"良药苦口利于病,忠言逆耳利于行",但在现实中,真正乐于听取逆耳忠言的却寥寥无几。在人情关系学中,要注意尊重他人,即使是指责批评,也要加以包装和修饰,这样对方便容易接受。

第六章 迂回委婉，不粗鲁的表达艺术

6. 善意的谎言是沟通的润滑剂

　　善意的谎言同那些不可告人的目的而编造的谎言相比，两者有着本质的不同。那种心术不正、诈骗、奸佞、诬陷的人迟早会搬起石头砸自己的脚，而善意的谎言会倍添其人格魅力，使人们更爱他、敬他。

　　谎言，在人际交往中几乎是不可缺少的。有些人说自己从来不说谎，这句话本身就一定是谎言。任何一个人获悉亲戚病重或朋友遭难，就会时常说一些与实际情况完全不符的谎言。在这个意义上讲，世界上没有不说谎的人。

　　因此，诚实要看什么时间、什么地点、面对什么人、讲述什么事情。俗话说："适当的谎言是权宜之计。"由此可知，在某些场合还是有说谎的必要的。有时，谎言不一定全是坏话，人与人相处是没有绝对诚实的，有时谎言和假象更能促进友情和爱情的发展，这种例子随处可见。

　　雨果的不朽名著《悲惨世界》里那个主人公冉·阿让本是一个勤劳、正直、善良的人，但穷困潦倒，度日艰难。为了不让家人挨饿，迫于无奈，他偷了一个面包，被当场抓获，判定为"贼"，锒铛入狱。

　　出狱后，他到处找不到工作，饱受世俗的冷落与耻笑。从此他真的成了一个贼，顺手牵羊，偷鸡摸狗。警察一直都在追踪他，想方设法要拿到他犯罪的证据，把他再次送进监狱，他却一次又一次逃脱了。

在一个风雪交加的夜晚，他饥寒交迫，昏倒在路上，被一个好心的神父救起。神父把他带回教堂，但他却在神父睡着后，把神父房间里的所有银器席卷一空。因为他已认定自己是坏人，就应干坏事。不料，在逃跑途中，被警察逮个正着，这次可谓人赃俱获。

当警察押着冉·阿让到教堂，让神父辨认失窃物品时，冉·阿让绝望地想："完了，这一辈子只能在监狱里度过了！"谁知神父却温和地对警察说："这些银器是我送给他的。他走得太急，还有一件更名贵的银烛台忘了拿，我这就去取来！"

冉·阿让的心灵受到了巨大的震撼。警察走后，神父对冉·阿让说："过去的就让它过去，重新开始吧！"

从此，冉·阿让洗心革面，重新做人。他搬到一个新地方，努力工作，积极上进。后来，他成功了，毕生都在救济穷人，做了大量对社会有益的事情。

人生的道路不平坦，逆境常多于顺境。身处逆境，面对不幸，当事者不仅需要坚强，也迫切需要别人的劝慰。而此时及时送上真诚的安慰，必要时说上几句谎言，如雪中送炭，能给不幸者以温暖、光明和力量。例如，对于身患绝症的病人，只能把病情如实告诉其家属，而对其本人，则应重病轻说。如果谎言唤起了他对生活的热爱，增强了他对病魔斗争的意志，就有可能使其生命延续得更长久，甚至战胜死神。

善意的谎言，其用心当然也是善良的，即为了减轻不幸者的

第六章 迂回委婉，不粗鲁的表达艺术

精神痛苦，帮助其重振生活的勇气。即使此人以后明白了真相，也只会感激，不会埋怨。即使当时半信半疑，甚至明知是谎话，通情达理者仍会感到温暖、宽慰。明知会加重对方的精神痛苦，但仍要实言相告，不算坏话，也该算是蠢话。

美国作家欧·亨利的一篇小说讲了这样一个故事：

在某医院的一个病房里，身患重病的一个女病人房间外有一棵树，树叶被秋风一刮，一片一片地掉落下来，随着落叶萧萧、凄风苦雨，病人身体也随之每况愈下，一天不如一天。她想：当树叶全部掉完时，我也就要死了。一位老画家得知此情后，被这种悲泣深深打动了，他用自己的画笔为树枝画了3片叶子，使那位濒临死亡的女病人坚强地活了下来。

善意的谎言应符合三条规则。

（1）真实。

当人无法表露自己的真实意图时，就选择一种模糊不清的语言来表达真实。例如一位女孩穿着新买的时装，问朋友是否漂亮，但朋友觉得实在难看时，就可以模糊作答，回答说："还好"。"还好"是一个什么概念，是不太好或是还可以？这就是谎言中的真实。它区别于违心而发的奉承和谄媚。

（2）合情合理。

合情合理是谎言得以存在的重要前提，许多谎言明显是与事实不符的。但因为它合乎情理，因而也同样能体现人们的善良、爱心和美好。经常有这样的问题：妻子患了不治之症，不久将要

死去，丈夫为之极感颓丧。他应该让妻子知道病情吗？大多数专家认为：丈夫不应该把事情的真相告诉她，也不应该向她流露痛苦的表情，以免增加她的负担，应该使妻子在生命的最后一刻尽可能快活。当一位丈夫忍受着即将到来的永别时，他那与实情不符的安慰反而会带给人们以心灵的震撼和感动，因为在这里，谎言包含了无限艰难的克制。

（3）必须。

指为了事情的圆满而不得不说谎的时候，这种必须有时是出于礼仪。例如，当一个人应邀去参加庆祝活动前遇到了不愉快的事情时，他必须把悲伤和恼怒掩盖起来，带着笑意投入到欢乐的场合。

这种掩盖是为了礼仪的需要，怎能加以指责？有时候说谎言是为了摆脱令人不快的困境。生活中离不开谎言，有些时候，我们不能不说谎；在一些非常的时刻，甚至只有说谎，事情的结果才会更加圆满。谎言终究是谎言，不值得我们去推崇。但善意的谎言是出于善良的动机，以维护他人利益为目的和出发点的。善意的谎言是一种处世的方式，是一种替人着想的品质。谎言就像生活的润滑剂，在适当的时候说出来的善意谎言，饱含真诚和甜蜜，能让说谎者与被"骗"者共享欢乐。

7. 难言之时巧开口

容易的话有容易的表达技巧，难说的话也会有容易的表达技巧。要想使这些话轻易说出口又不得罪人，最好的办法就是婉

第六章 迂回委婉，不粗鲁的表达艺术

转，这也是最考验一个人口才的话。

恭维别人，净说一些拜年的话，倒也不困难。但是，在现实的生活中，有时候你却不得不说一些对方不愿意听，或者对对方不利的话。

觉得难说出口而一拖再拖，不但会令你更加开不了口，而且，当山穷水尽不得不说的时候，会被责问："为什么不早一点告诉我？"这么一来，你的形象在别人眼里就大大地下降了。

许多人都有过胆小、懦弱的时候，对于有些话，总是没办法坦然地说出，因此，吃了不少亏，也给别人带来了麻烦。

说话的技巧是要抓住要点，适时地把内容做最有效的传达。所以，满嘴叽里呱啦说得天花乱坠，在必要关头却开不了口的人，算不上能言善道。

那么，要如何才能把一件不便说出口的事，巧妙婉转地表达出来呢？

（1）借他人之口替自己说话。

在西安事变前夕，张学良和杨虎城频繁晤面，都有心对蒋介石发难。可在对方没亮明态度之前，谁也不敢轻易开口。时间越来越紧张了，可双方都是欲说还休。杨虎城手下有个共产党员叫王炳南，和张学良也是旧识。在又一次晤面中，杨虎城便以他投石问路，说道："王炳南是个激进分子，他主张扣留蒋介石！"张学良及时接口道："我看这也不失为一个办法。"于是，两个将军开始商谈行动计划。

（2）在幽默的玩笑话中倒出事实。

庄重严肃的话题会使人紧张慎重，而轻松幽默的话题，往往能引起感情上的愉悦。在条件允许的情况下，最好能把庄重严肃的话题用轻松幽默的形式说出来，这样对方可能更容易接受。

一个刚毕业的大学生在一家外资企业工作，在较短的时间内，连续两次提出合理化建议，使生产成本分别下降10%—20%。领导非常高兴，对他说："好好干，我不会亏待你的。"这名大学生当然知道这句话可能意义重大，也可能不值一文。他想要点实在的，便轻松一笑，说："我想你会把这句话放到我的薪水袋里的。"领导会心一笑，爽快应道："会的，一定会的。"不久他就获得了一个大红包和加薪奖励。

面对领导的鼓励，大学生如果不是这样俏皮，而是坐下来认真严肃地提出加薪要求，并摆出理由若干条，结果可能会正相反。

（3）转个弯子，套出对方的话。

有时，一些话自己直接说出来显得很难为情，这时，绕弯子，让对方开口无疑是好办法。

李某准备借助于好友刘某的路子做笔大生意，在他将一笔巨款交给刘某的第二天，刘某暴病身亡。李某立刻陷入了两难境地：若开口追款，太刺激刘某的亲人；若不提此事，自己的局面又难以支撑。

第六章 迂回委婉，不粗鲁的表达艺术

帮忙料理完后事，李某对刘的妻子说："真没想到刘哥就这么突然地走了，我们的合作才开始啊。这样吧，嫂子，刘哥的那些关系户你也认识，你就出面把这笔生意继续做下去吧！需要我跑腿的时候尽管说，吃苦花力气的事情我不怕。"

看他丝毫没有追款的意思，还豪气冲天，义气感人，刘的妻子很是感动。其实他明知刘妻没有能力也没有心思干下去。话中又加上巧妙的提醒：我只能跑腿花力气，却不熟悉这些门路；困难不小还时不我待。

结果呢？刘妻反过来安慰他道："这次出事让你生意上受损失了，我也没法干下去了，你还是把钱拿回去再找机会吧。"

（4）用商量的口气。

用商量的口气把要求办的事儿说出来不失为一种高明的办法，如："能快点把这事儿给办一下吗？"

假装自己没把握，把请求、建议等表达出来，给对方和自己留下充分的退路。例如："你可能不愿意去，不过我还是想麻烦你去一趟。"

在别人或者向别人提出建议时，如果在话语中表示人家可能不具备有关条件或意愿，那就不要强人所难，自己也显得很有分寸。

（5）采用婉求、诱导法。

美国《纽约日报》总编辑雷特想找一位精明干练的助

理，他把目光瞄准了年轻的约翰·海。当时约翰·海刚从西班牙首都马德里卸任外交官职，正准备回到家乡利诺伊州从事律师事业。

雷特请他到联盟俱乐部吃饭。饭后，他提议请约翰·海到报社去玩玩。在这期间，雷特从许多电讯中，找到了一条重要消息。那时恰巧国外新闻的编辑不在，于是他对约翰说："请坐下来，帮我为明天的报纸写一段关于这条消息的社论吧。"约翰自然无法拒绝，于是提起笔来就写。社论写得很棒，于是雷特请他再帮忙顶缺一星期、一个月，渐渐地干脆让他担任这一职务。约翰就这样在不知不觉中放弃了回家乡做律师的计划，而留在纽约做新闻记者了。

由此，人们总结出一条求人办事的规律：央求不如婉求，劝导不如诱导。

（6）变相"要挟"。

一位老师是个非常热心的教育家。有一天，她到附近的图书馆去，想借一些有关教育的书籍。她询问图书馆的管理员："一个礼拜能否借25册书？"

图书馆的管理员告诉她："一个人一次只能借走两册，这是无法通融的。因为要借书的人太多了。"

这个老师听了这些话后，很激动地说："我知道，那么，以后我每周都带学生来，让他们每人都借一本。"

原来很顽固的图书馆管理员听了她的话后，突然改变了态度，取消了原来的规定。

第六章 迂回委婉，不粗鲁的表达艺术

在这件事中，最令人痛快的莫过于，当这位老师提出要让每一个同学来借书时，图书馆管理员就打破了要遵守规定的规则。图书馆管理员虽然知道应该遵守规定，但他又厌恶繁杂的工作，所以才做出上面的决定。

第七章 精准沟通，不啰唆的表达艺术

话不在多，达意就行。我们说话的目的是交流，主要是能够让大家明白你要说什么。说话的重点就在于言简意赅、一语中的。有的人滔滔不绝地说得口若悬河，但是听话者却仍不明白他在说什么。也有的人常常惜字如金，却能一语中的，把话说到点子上。朴实无华的语言、直截了当的阐述更容易被交流者接受，也会更有可能获得圆满的结果。

第七章 精准沟通,不啰唆的表达艺术

1. 说话得当,引人入胜

在生活交际中,免不了会遇到需要我们说几句话的场合,这时候,如果话说得适当,就能使事情获得圆满的结果。力争让自己的话题在交际中引人入胜。

擅长说话的人,总可以流利地表达出自己的意愿,也能够把道理说得比较透彻、动听,使别人很乐意地接受。有时候还可以从谈话中立即判断出对方的意图,或从对方的谈话中得到启示,而且还能够通过谈话,增加彼此之间的了解,与对方建立良好的友谊。

我们常常看到一些不擅长说话的人所遭遇的情形恰恰相反。他们说话不能完整地表达出自己的意图,往往使对方费神去听,而又不能使别人明白他们所说的话的意思,这就使交际出现了困难。

遇到有事情与别人洽谈,或有事情需要别人合作的时候,说话流利的人总可以很愉快地把许多事情谈判成功,而不会说话的人结果却往往是不欢而散。

"信口开河""放连珠炮"都是不好的说话方式。"信口开河"并非表示你很会说话;相反,却证明你说话缺乏诚意,不真实,不负责任。形容一件事或者一个人,都必须恰到好处。别以为夸大其词可以收到预期的效果,事实上,言过其实,必定会受人轻视。至于说话像"放连珠炮",那只会使人厌烦,因为在公共场合说话,你要顾及周围的安宁,声音不要太大。假如你是对

学会表达 懂得沟通

众人演说，要注意自己说话的声音是否每一个人都能听得到。

再者，说话是将文字、句子组合起来变成声音。"话"的实体还是字眼本身。运用字眼有以下几个原则：

（1）说话要越简洁越好。

有些人叙述一件事情，为了卖弄才华，极力修饰语句，用重复的形容词，或用西方语言特有的修饰手法，或穿插一些歇后语、俏皮话，甚至引用经典、名人语录。如果费了很大的劲，却让人不知道你在说什么。即使你用了许多华丽的字眼，也不一定能达到应有的效果，反而使人觉得你不踏实。

有些人在说话时，东拉西扯，缺少组织和系统，亦使人有不知所云的感觉。

如果你有上述的缺点，只要在说话时记住说得简明扼要就行了。在话未出口时，先在脑子里构思一个轮廓，然后再按秩序一一说出来。

（2）词汇不要重复使用。

说一句"为什么"就够了，而有些人却要说："为什么？为什么？"答应别人一件事，说一两个"好"就足够了，但有些人却说"好好好好"，或者说"再见再见再见"。

其实这些重复的词汇，在加强语气时才用，一般都不必重复使用。

（3）同样的名词不可用得太多。

某人在解释月球上不可能有生命这一问题时，在几分钟内，把"从科学的观点上说"这句话用了二三十次。无论什么显示才华或新颖的词，用多了就会失去它应有的价值。

第一次用花来比喻女人的人是最聪明的，但第二次再用它的人就愚蠢了。我们当然不必拘泥上面所说的，每说一件事都要创造一个新名词，但把一句话在同一事件中反复来用，就会使人厌倦。

有一次，一位幼儿园老师讲故事。说到某公主，她说："这公主是很美丽的。"说到太阳，她也说："这太阳是很美丽的。"此外说到水池、小羊、草地、高山，也都用"很美丽的"来形容。结果小朋友们问她："老师，到底哪一个是最美丽的？"

她为什么不用"可爱的""柔嫩的""明亮的"等词句来调和一下呢？这不是可以增加听者的兴趣吗？

（4）要避免口头禅的习惯。

当某一句话成为你的口头禅时，你就很容易被它束缚住，以致无论你想说什么，也不管是否适用，都会脱口而出，这毛病是容易被人窃笑的。你或许爱说"岂有此理"，也许爱说"绝对的"，也许爱说"没问题"，这些和你说的话毫不适合的口头禅，还是尽量避免吧！

（5）不说粗俗的字眼。

古谚道："字为文章的衣冠。"现在我们说："言语为个人学问和品德的衣冠。"相信这没有什么不妥吧。有些人道貌岸然，雍容华贵，但是不开口还好，一开口就满口粗话，甚至一些不雅的下流话也出了口，使人听了作呕，方才的敬慕之心也会顿然消失。可惜的是，有些人并非学识品格不高，不过是疏忽大意，不知改正而已。

你可以用幽默有趣的话来表现你的聪明、活泼和风趣，但不可以用低俗的话来表现。一句不中听的话，会使别人觉得你卑劣、轻佻和无知。

粗俗的字句不可用，同样太深奥的学术用语也不可多用，除非你是与一个学者讨论学术问题。满口新名词，即使用得得当，也是不太好的。

随便滥用学术用语，听不懂的人不知你在说些什么，而且会以为你有意在他面前夸耀你的才华；听得懂的人则觉得近乎浅薄。

在不知对方的文化程度时，用什么字眼也要小心。有些人不管对方懂不懂，就随便在话中夹入外国语和外来语，这也是要多加注意的。

良好的交际语言，应该以大方、熟练和生动的语言来表达你的意思，使你说的话多姿多彩，扣人心弦。

2. 把话说到对方的心坎上

在生活中，与人交流是避免不了的，想知道说什么、怎么说，什么话能说、什么话不能说，都是需要"心眼"的。能不能与人很好地沟通，关键还在能不能把话说到对方的心坎上。

交流和沟通是双向的，只有打动了对方才可能实现这个目的。打动对方的手段有很多，比如赞美对方、投其所好、关心对方、谦虚有礼等。还有一种打动人心的特别方法，那就是激起对方的反抗情绪。最常见的是辩论场上的选手，由于互不相让，使

第七章 精准沟通，不啰唆的表达艺术

得双方都得拿出全部精力，甚至是挖空心思来找对方的漏洞，来反击对方。在这个过程中，双方的思想、观点就尽数展现出来了。

这种打动人心的方法类似于激将法，但不同的是，激将法大多用贬低的方法激起对方的好胜心，来达到目的；而这种方法是用刁钻的、直抵内心的、抓住矛盾核心的提问来让对方无可回避，或者防不胜防说出自己的真心话。这里的关键是，把握主动的一方在表达上不能让对方感觉到你是一种挑衅，而要淡定从容，让对方觉得你是在和他沟通，而不是在和他比赛，所以，火候的把握非常重要。

著名主持人王志也是一名出镜记者，他的节目向来以犀利、尖锐的逼问著名，但是，我们看到的王志总是身体微微前倾，偏着头，皱眉，在提出尖锐问题时起缓和作用的微微一笑，手势很简单，谈话过程中会有意停顿等，他会使用很多的语言技巧去探究对方的心理，比如他经常用"接下来呢？""是这样吗？""为什么呢？"等将问题接得非常紧，互动式提问、假设性提问、反面提问比较多。他还注意提问背景、细节等。但是，他从来不会一副挑衅的样子，永远都是那么淡定从容。

王志成功地采访过零口供的死囚，在不动声色之间让对方说出了心里话。

采访贪官胡长清时，是在伏法的前一天，胡长清已经不再开口说话。王志给胡长清递了一杯水，然后把来意告诉了他："退一万步来说，你还留了你的声音在这个世界上，让大家看到一个真实的胡长清是怎样的，不像小报上说的胡长清有十几个情人，或者贪污了几千万，你自己说出的话可能更权威一些。"这个说服过程只花了短短的几分钟，结果采访进行了3个小时。

王志的话只不过是简简单单的几句，没有任何华丽的词藻，没有长篇大论的阐述，但就是这看似简简单单的几句话，却打动了已经决定不再开口的对方。原因在于王志说话的出发点是善意的，没有像其他采访的媒体那样是奔着挖猛料来的。首先，不让对方讨厌；其次，为对方着想，给对方展现内心的机会；当然，平等、和善、交流的态度也是很重要的原因。

具体来分析：首先，王志递给对方一杯水，表明了一种态度，是尊重对方的，尽管对方是触犯了法律的罪犯，但在王志看来，他就是自己的一个采访对象，如此而已。就像对待其他的被采访者一样，尊重是必不可少的。其次，王志站在对方的立场上，拉近了彼此的心理距离，他的话看起来都是为对方考虑的。最后，王志的话抓住了人的一种心理——留名后世，尽管胡长清是罪犯，他也不希望自己留下的名是虚假的，即使是被钉在历史的耻辱柱上，他也不希望背很多原本不属于自己的、被人捏造的、强加在自己头上的罪名。王志短短的几句话，就打开了一个死刑犯的口，着实体现了高超的口才。

要打动对方，关键是要抓住对方的心理。对于一些人来说，赞美、投其所好等办法只会让对方嗤之以鼻，不如使用一些非常规的办法更为有用。

一种苦味的药丸外面裹着糖衣，使人先感到甜味，就容易

第七章 精准沟通，不啰唆的表达艺术

吞下肚子。之后药物进入胃肠，药性发生效用，疾病也就好了。我们要对人说规劝的话，尝试一下委婉的说法，人家就容易接受了。很多时候，有些人吃亏就是因为没能管住自己的嘴巴。

上海有家理发店，一天，有位高个子的姑娘走进店来，要理发师给她理一个像日本电影《生死恋》中的女主人公夏子那样的发式。

女理发师发现这位姑娘长得俊俏，只是脖子很长，如果像夏子那样把头发盘上去，势必把脖子全部暴露出来，未必好看，但要直说，又怕伤害对方的自尊心。她想了一下，温和地说："小姐，听你口音不是上海人吧？"

"我是东北人，到上海好几年了。"

"怪不得，你长得比较高。其实，高才好看，身材苗条，穿裙子也漂亮。"

几句话，把对方说得心里甜丝丝的，双方的距离一下子拉近了。对方还没开腔，女理发师又说："现在秋天已经到了，头发盘上去，脖子会不会有些凉？"一句话，提醒了对方，姑娘连忙说："那让我再考虑考虑。"

女理发师忙说："我也正想和你商量，不如剪个'波浪式'，发脚刚好披在肩上，下部卷曲，中间起伏，上面收拢，配上你这身段，一定很好看。"姑娘听后想了想，满意地点了点头。

如果女理发师直接说："你的脖子这么长，理这种发式太难看。"对方一定会被气走。要使对方明白"长脖子不宜盘头"

这个道理，又不伤害对方的自尊心，那就应该采取间接规劝的办法。女理发师以拉家常的方式闲谈，先从籍贯谈起，毫不涉及"长脖子"的问题。当对方说出是东北人时，女理发师立即联想到北方人个子高，于是抓住这个契机，将话题引到身材上去，几句话就把对方说得心花怒放。当双方有了进一步谈话的感情基础后，女理发师又不失时机地点到"脖子"这个要害，但又不像是故意揭对方的"短儿"，并没有引起对方的反感，却提醒了对方要注意的问题。

女理发师用委婉暗示的间接战术，使对方自省自悟，从而收到了良好的效果。

人，都希望别人能对自己诚实，但在某些特定的场合下，如顾及面子、自尊以及出于保密等，实话实说往往会令人尴尬伤及自尊。所以，做人得学会把话说到别人的心里去，这样在交际场上才能百战不殆。

3. 话不在多而在精

谈话是否受人欢迎，在于是否抓住关键，是否说到点子上，是否能打动听众。对于那些空话套话，人们很反感，甚至觉得听这种谈话是在浪费生命。

在初次交往中，如果一味地啰唆，就会使人反感，这样就削弱了你在他人心目中的地位。英国人波普说："话犹如树叶，在树叶太茂盛的地方，很难见到智慧的果实。"

言不在多，达意则灵。讲话简洁有力，能使人兴味不减；冗

第七章 精准沟通，不啰唆的表达艺术

词赘语，唠叨啰唆不得要领，必令人生厌。

在林肯当总统前，有人问他有多少财产。当时在场的人期待的答案多数是多少万美元、多少亩田地。然而林肯却扳着手指这样回答："我有一位妻子、一个儿子，都是无价之宝。此外，也租了一个办公室，室内有一张桌子、三把椅子，墙角还有一个大书架，架上的书值得每人一读。我本人又高又瘦，脸蛋很长，不会发福。我实在没有什么可依靠的，唯一可靠的财产就是——你们！"

林肯当律师的时候，一次他作为被告的辩护律师出庭。原告的律师把一个简单的论据翻来覆去地讲了两个多小时，好容易才轮到林肯上台作辩护。林肯走上讲台，却一言不发。他先把外衣脱下放在桌上，然后拿起水杯喝了口水，接着又重新穿上外衣，然后又喝水。如此动作一连重复了五六次，法庭上的人当时会心地笑开了，笑得前仰后合。

南北战争爆发时，各报向林肯提出了各种各样莫名其妙的建议。林肯耐着性子听完了一位纽约记者提出的冗长作战方案之后，说："听了你的建议，我不禁想起了一个小故事。几年前，有人在堪萨斯骑马旅行，因为人烟稀少，无路可行，他迷失了方向，更糟糕的是随着夜幕降临，下起了可怕的雷暴雨。隆隆雷声，震撼大地；道道闪电，瞬息之间照亮地面。这个失魂落魄的人，最后下了马，借着时有时无的闪电亮光，开始步履维艰地牵马行走。突然，一声惊人的霹雳骇得他双膝跪地，他呼喊道：'上帝，既然你什么都能做到，就多赐给我们一点亮光，少来点刺耳的声音吧！'"

可见，用最少的字句包含尽量多的内容，是讲话的最基本要求。

马克·吐温讲过这样一个故事：

有个礼拜天，他到礼拜堂去，适逢一位传教士在那里用令人哀怜的语言讲述非洲传教士苦难的生活。当他说了5分钟后，马克·吐温马上决定对这件有意义的事情捐助50元；当他接着讲了10分钟后，马克·吐温就决定把捐助的数目减至25元；当他继续滔滔不绝地讲了半小时后，马克·吐温又决定减到5元；最后，当他讲了一个小时，拿起钵子向听众请求捐助并从马克·吐温面前走过的时候，马克·吐温却反而从钵子里偷走了2元钱。

通过幽默的故事我们可以看出，讲话还是短一点、实在一点好，长篇大论、泛泛而谈容易引起听众的反感，效果反而不好。

有句俗语说得好，"蛤蟆从晚叫到天亮，不会引人注意；公鸡只啼一声，人们就起身干活。"的确，会说话的人，不一定是说话最多的人，话贵在精，多说无益。而现实中，说话啰唆的人往往觉得自己所说的涵义丰富，他们认识不到自己的弱点。

有两个多年未见面的老朋友相聚，他们彼此都对此盼望了很久。结果其中一个带了他热情开朗的新婚妻子一起来。那位妻子从一开始就独占了整个谈话，滔滔不绝，一个接一个地说着一些自己觉得很好笑、很有趣味的事情。出于

第七章 精准沟通，不啰唆的表达艺术

礼貌，两个男人沉默地听着，偶尔尴尬地彼此对看一眼。当他们分手的时候，那位妻子站在门口的台阶上挥舞着手套，兴高采烈地说："再见！"她觉得度过了一个很有意义的夜晚，认识了丈夫的朋友，还进行了一次快乐的谈话。而两个男人却对老朋友分别多年后的情况仍旧一无所知，心里埋怨着这个开朗得过分的女人，即使她的丈夫也是如此。

对于说话啰唆的人，心理学专家们为他们罗列出七个典型的特征：

（1）打断他人的谈话或抢接别人的话头，希望整个谈话以"我"为重点。

（2）由于自己注意力分散，一再要求别人重复说过的话题，或自己不记得已经说过的，一再重复。

（3）像倾泻炮弹一样连续表达自己的意见，使人觉得过分热心，以致难以应付。

（4）随便解释某种现象，轻率地下断语，借以表现自己是内行，然后滔滔不绝。

（5）说话不合逻辑，令人难以领会意图，并轻易地从一个话题跳到另一个话题，有时自己也莫名其妙。

（6）不适当地强调某些与主题风马牛不相及的东西，东拉西扯。

（7）觉得自己说的比别人说的要来得更有趣。

"是非只为多开口"，话说得多，出毛病的机会也就多。大智若愚，聪明的人大都不随便说话，唯有胸无半点墨的人喜欢大吹大擂。"宁可把嘴闭起来使人怀疑你浅薄，也胜于一开口就使

人证实你的浅薄。"这是一句值得每个人牢记的名言。

滔滔不绝、出口成章，是一种"水平"，而善于概括、辞约旨丰、一语中的，同样是一种"水平"，而且更为难得。

4. 口无遮拦，往往难成大事

言必契理，言可承领，言则信用。语言是传达感情的工具，也是沟通思想的桥梁。"一句话能把人说跳，一句话也能把人说笑。"有的人善于用语言来表达情意，一席话就能使人心情舒畅；有的人则不善于用语言来表达，一讲话就使人误解。俗话说"良言一句三冬暖，恶语伤人六月寒"。因此，要想在人际交往中应对自如，就应该懂得说话的艺术。肆无忌惮、口无遮拦，往往难成大事。

从前，有一个爱说实话的人，经常口无遮拦，什么事情他都照实说，所以，不管他到哪儿，总是被人赶走。这样，他变得一贫如洗，无处栖身。

最后，他来到一座福利院，指望着能被收容进去。福利院长见过他问明了原因以后，认为应该尊重那些热爱真理、说实话的人。于是，把他留在福利院里安顿下来。福利院里有几头牲口已经不中用了，福利院长想把它们卖掉，可是他不敢派手下的什么人到集市去，怕他们把卖牲口的钱私藏腰包。于是，他就叫这个人把两头驴和一头骡子牵到集市上去卖。

第七章 精准沟通，不啰唆的表达艺术

这个人在买主面前只讲实话："尾巴断了的这头驴很懒，喜欢躺在稀泥里。有一次，长工们想把它从泥里拽起来，一用劲，拽断了尾巴；这头秃驴特别倔，一步路也不想走，他们就抽它，因为抽得太多，毛都秃了；这头骡子呢，是又老又瘸，如果干得了活儿，福利院长干吗要把它们卖掉啊？"

结果买主们听了这些话就走了。这些话在集市上一传开，谁也不来买这些牲口了。于是，这人到晚上又把它们赶回了福利院。

福利院长对这人发着火："朋友，那些把你赶走的人是对的。不应该留你这样的人！我虽然喜欢实话，可是，我却不喜欢那些跟我的腰包作对的实话！所以，老兄，你爱上哪儿就上就上哪儿去吧！"就这样，这人又从福利院里被赶走了。

许多人有一个共同的毛病：肚子里搁不住心事，有一点点喜怒哀乐之事，就总想说出来；更有甚者，不分时间、对象、场合，见什么人都把心事往外掏。

心事不要随便说出来，当别人看透或者知道你的心事的时候，你的脆弱就会暴露在别人面前。任何人若能在保守秘密这个问题上处理得当，就不会因泄露秘密而把事情搞得复杂化。

其实这也没有什么不对，好的东西要与人分享，坏的东西当然也不能让它沉积在心里。要说可以，但不能"随便"说，因为你每个倾诉对象都是不一样的。说心里话的时候一定要有"心机"，该说则说，不该说千万别说。

处理心事要慎重，因为心事的倾吐会泄露一个人的脆弱面，这脆弱面会让人改变对你的印象。虽然有的人欣赏你"人性"的一面，但有的人却会因此而下意识地看不起你。最糟糕的是脆弱面被别人掌握住，会形成他日争斗时你的致命伤，这一点虽不一定会发生，但你必须预防。

所以聪明的人在交谈时，会把局势扭转到对自己有利的一方。说说无关紧要的心事给周围的人听的同时，多听听别人的心事，别人就会因你多听而多说。他说得越多，你知道得就越多！少说，不但可以导引对方多说，还可以避免流露自己的内心秘密，一切的一切，都在你的掌握之中。常点头，这并不是要你做个没有主见的应声虫，而是避免成为别人眼里不合时宜的人。也就是说，听别人说话时，多点头，表示你的专注与附和；如果有不同意见，也要先点头再提出，然后顺着对方的思路说出自己的观点。对于无关紧要的事，不必过于坚持己见，多点头就可以了。

不把自己的秘密全盘地告诉给对方是处世的潜规则。不要亲手为自己埋下一颗"炸弹"。切记，在任何情况下，千万不要口无遮拦，由着自己的性子把自己的老底全部亮出来。

5. 话要说到点子上

"花钱花在刀刃上，敲鼓要敲在鼓心上"，话说在点子上对方自然会欣然接受。

古人云：山不在高，有仙则名；水不在深，有龙则灵。说话

第七章 精准沟通，不啰唆的表达艺术

也是如此，话不在多，点到就行。在生活节奏紧张快速的现代社会中，没有人愿意花费大量的时间去听你的长篇大论，这就要求你在谈话时要做到言简意赅，一针见血。

《三国演义》中有一段"白门楼斩吕布"的故事。吕布被曹操所擒，曹操考虑到吕布本领高强，有心饶他不死，留下为己所用。为此，他征求刘备的意见。刘备担心吕布归顺曹操后，不利于日后自己称雄天下，希望曹操处死吕布。这时，刘备本可以列举吕布的很多劣迹恶行，但他仅选择了吕布心狠手辣、恩将仇报、亲手杀死义父的典型事例来说服曹操。刘备只说了句："公不见丁建阳、董卓之事乎？"一句话提醒曹操，吕布反复无常，很难成为心腹，弄不好就成为吕布的刀下鬼。于是，曹操下决心，立斩吕布。

吕布曾有恩于刘备，吕布被斩之前，也曾提醒刘备："君不记辕门射戟之事乎。"然而刘备却不予理会，只用一句提示性的话，就坚定了曹操的决心，立刻就要了吕布的性命。

话要说到点子上才能起到关键性的作用。所以话并不是说得越多才越有说服力，要抓住谈论的要害，才能事半功倍。因此在人际交往中处于不败之地，就要有个好口才，这就像我们辩论一样，抓不住对方的论点要害，永远也不会把对方击败。

汉武帝好巡游，一次在病后到甘泉视察，发现甘泉官道坎坷难行，事先未及整治，不禁恼怒从心而起："难道义纵

学会表达 懂得沟通

觉得我必定驾崩鼎湖，连甘泉也来不了了吗？"

这件事本是义纵的疏忽，但情急之中义纵竟难以置辩。不久，汉武帝就找借口杀了义纵。汉武帝好骑马游猎，一次大病之后，猛然发现宫中御马竟比以前瘦了许多。他喝令叫来管马的上官桀，骂道："你是不是以为我该病死，连御马也看不到了？"说罢便要治罪。

上官桀非常机智，急忙申辩说："臣万死不辞，唯知陛下圣体欠安，臣日夜忧虑，无心喂马。臣确实已失职，陛下要杀要罚，都请自便，只要陛下圣体健康，臣死而无憾！"言未毕，泣不成声。

没有养好马与没有修好官道一样，都是没有尽到职责，但是上官桀却很高明地将失职转成尽忠的表现。言语之间，使汉武帝觉得他极为忠诚。结果，上官桀不仅没有被杀头，反而受到重用，后官至骑都尉。

可见说话时能够语中要害最关键。在危急时刻不仅能扭转形势，还能保住自己的性命。美国加利福尼亚州的大亨乔治，资产逾10亿美元。某年他与商业伙伴戴维从加州飞往中国某大城市，准备投资建厂，寻找合作伙伴。三天后，乔治坐到了谈判桌前，谈判对象是我国某一大型企业的领导。这位领导精明能干，通晓市场行情，令乔治颇为欣赏。听了这位领导对合资企业的宏伟设想后，乔治感到似乎已看到了合资企业的光辉前景。正准备签约时，忽听这位领导又颇为自豪地侃侃而谈道："我们企业拥有2000多名职工，去年共创利税700多万元，实力绝对雄厚……"

听到这儿，乔治暗暗地掐指一算：700万元人民币折成

第七章 精准沟通，不啰唆的表达艺术

美元是90余万，2000多人一年才赚这么点儿钱？而且，这位领导居然还十分自豪和满意。这令乔治非常失望，离自己预定的利润目标差距太大了！如果让这位领导经营的话，是很难有较高的经济效益的。于是决定立即终止合作谈判。

试想一下，如果那位领导不说最后那句沾沾自喜的话，结果也许会是另一番景象。那位领导最后那些不着边际、更是画蛇添足的话，不仅暴露出他自身的弱点，更令外商失去了合作的信心。

我国现代化的宏伟事业，需要越来越多的优秀人才具备适应市场经济的交际能力。因此，未来的事业对人才有一个共同的要求就是要善于说话。"能言善辩"的语言表达能力是增强竞争能力的重要工具。各个领域、各个阶层人士的交往越来越频繁，语言交际的地位越来越重要。语言交流作为社会交际的最基本最便捷的工具日益受到重视。这是谁也回避不了的事实。"从某种程度上来说，它比写更实际、更为人们迫切需要。"因此，我们要有出色的语言组织能力，善于总结自己的观点，凡事语中要害，在开口之前，先让舌头在嘴里转个圈，把多余的废话减掉，一开口就往点子上说，才能在激烈的社会竞争中处于不败之地。

6. 滔滔不绝并非真正的口才

说话是一种交流和沟通，是人们相互交往的需要，但要服从需要，针对实情，做到心里有谱，思考成熟，权衡利弊以后再说。

言辞有时是苍白无力的，它很少能说服他人改变立场，虽然上帝给了我们两只手一张嘴，但人们还是喜欢用嘴而不喜欢动手。逞口舌之利是毫无意义的，不但不能改变别人的立场，反而会把自己逼上绝路。

无论何时何地，我们总能看到一些高谈阔论的人。他们总是炫耀自己的才能多么的出众，如果能按他说的计划实行，必然能成就一番大事。这些人滔滔不绝，在自己空想的领域里如痴如醉。然而，在旁人看来，那是多么的可笑和愚蠢。

罗马执政官马西努斯围攻希腊城镇帕伽米斯的时候，由于城高墙厚，士兵死伤惨重却仍然未能攻占这座城镇。最后，马西努斯发现城门是最薄弱的环节，于是打算集中兵力猛攻城门，但要攻打城门就必须要用到撞墙槌，当时军中并没有这种器械。马西努斯想起几天前他曾在雅典船坞里看过两支沉甸甸的船桅，就马上下令把其中较长的一支立刻送来。

然而，传令兵去了多时，桅杆仍未送达。原来是军械师与传令兵发生了争执。军械师认为短的那根桅杆才能真正发挥作用，不但攻城效果比长的那根要好，而且运送起来也方便，他甚至花了不少时间画了一幅又一幅图来证明自己的专业，而传令兵则坚持执行命令，既然上司要长的桅杆，他的任务就是把长桅杆送到上司面前。

面对军械师喋喋不休的说辞，传令兵不得不警告他，他

第七章 精准沟通,不啰唆的表达艺术

们的领袖是不容质疑的,他们了解领袖的脾气,军械师终于被说服了,他选择了服从命令。在士兵离开以后,军械师越想越觉得自己的想法是正确的,他觉得服从一道将导致失败的命令是毫无意义的,于是,他竟然违抗命令送去了较短的船桅。他甚至幻想着这根短桅杆在战场上发挥功效,使领袖不得不赏赐他许多战利品以赞扬他的高明。

马西努斯见送来的是那根短的桅杆很生气,马上招来传令兵,要他对情况做出合理的解释。传令兵忙向他汇报说,军械师如何费时费力地与他争辩,后来还承诺要送来较长的桅杆。马西努斯对这名军械师的自以为是深感震怒,于是,他下令,马上把这名军械师带到他面前来。又过了几天军械师才到达,他没有察觉到领袖的震怒,反而为能够亲自向领袖阐述自己的正确理论而扬扬得意。他仍然以专家自居,滔滔不绝地说了许多专业术语,并表示在这些事务上专家的意见才是明智的。马西努斯见军械师仍不改其说大话的老毛病,十分生气,立刻叫人剥光他的衣服,用棍子活活地将他打死。

这名军械师可能死了也没有搞懂自己错在什么地方,他设计了一辈子的桅杆和柱子,还被推崇为这方面最好的技师,凭他的经验,他知道自己是对的,因为较短地撞墙槌速度快、力道强,更适合攻城。他可能永远也没办法想通,他费尽口舌向统帅解释了大半天,为什么统帅仍然坚持他的无知呢?

在现实生活中随处可见像军械师这样的好辩者。他们不了

解言辞从来都不是中立的，或多或少总带点偏向性。有些人是天生的辩论狂，太过于争强好胜，整天只知要与比自己地位高的人争辩，或总是找机会责难比自己有权有势的人的聪明才智，他似乎已经忘记面对的是什么人物。面对这些人物，逞口舌之利是毫无用处的，他只要说一个字就能封住你的嘴，因为权势掌握在他手里。

有人说话，不管话该不该说，也不考虑后果如何，只要想说就说。我们把这种人说成是"漏斗嘴"。

老李的儿子在今年的高考中取得了640分的好成绩，报考了清华大学。老李十分高兴，就把这个喜讯在办公室里公布出来，没想到老张抢先接过话头说："640分，也就一般吧。听说今年清华大学录取分数够高的，你们家儿子报清华可够呛！"老李听到老张的话，脸色一下子就由晴转阴了。正在这个十分尴尬的时候，办公室的小黄说："今年能考640分，真了不起！我有个朋友，他孩子今年也高考，才560多分。您儿子真棒！等上了清华，我们都去您家贺喜！"紧接着，办公室的同事你一言我一语地说起来了，老李被这种真诚的祝贺声包围着，沉浸在喜悦之中。

而老张则被众人冷落在一旁，插不上话。

滔滔不绝并非真正口才的表现，这样做往往会把事情做得更糟。在适当时候闭上嘴，或许效果会更好。

7. 有时，装聋作哑胜过滔滔不绝

一个人是多说话好呢，还是沉默好？

按"言语是银、沉默是金"的说法，便是沉默比多话好。人之言语即是他行为的影子。我们常因言多而伤人。俗语说得好：言语伤人，胜于刀枪；刀伤易愈，舌伤难痊。

一个冷静的倾听者，不但到处受人欢迎，而且会逐渐知道许多事情。而一个喋喋不休者，像一只漏水的船，每一个乘客都希望赶快逃离它。多说招怨、瞎说惹祸，正所谓言多必失，多言多败。只有沉默，才不至于被出卖。保持沉默便是保持不伤人。

有人说言语是一种卑贱的东西，一个说话极随便的人，一定没有责任心。话多不如话少，话少不如话好，多言不如多知。即使千言万语，也不及一件实事留下的印象那么深刻。多言是虚浮的象征，因为口头慷慨的人，行动一定吝啬。有道德的人，决不泛言；有信义者，必不多言；有才谋者，不必多言。多言取厌，虚言取薄，轻言取侮。保持适当的缄默，别人将以为你是一位哲学家。

我们常因话说得太多而后悔，所以当你对某事无深刻了解的时候，最好还是保持沉默吧！

当年，英国首相威尔逊在发表竞选演说时，忽然有个故意捣乱的人高叫起来："狗屎！垃圾！"面对这突如其来的干扰，为了顾全大局，保证演说成功，威尔逊镇静地报以微笑，用安抚的口气说："这位先生，我马上就要谈到您提出的脏乱问题了。"然后置之不理，继续演讲，取得圆满的成功。这样，威尔逊佯作曲解捣乱者的本意，以顺水推舟的手法，安全渡过了"险滩"，使演说得以顺利地继续。

更值得一提的是1945年7月的波茨坦会谈，会议休息时，美国总统杜鲁门对斯大林说，美国研制成一种威力巨大的炸弹。这是用暗示的方式来试探斯大林对原子弹所持的态度。斯大林却像没有听见一样，未露出丝毫的异常表情，也没有做出任何回答，以至于许多人回忆说，斯大林好像有点聋，没有听清楚。其实，斯大林听得清清楚楚。会后，他告诉莫洛托夫说："应该加快我们工作的进展。"两年后，苏联成功地试爆了第一颗原子弹，打破了美国的核垄断。

当遇到敏感的问题或难以做出承诺的要求时，首先应向对方诚恳地表示尊重、理解和同情；其次是绝对不要焦躁，要沉着冷静。

对于无理的要求或挑衅性的问题，既可采取以主动出击的"攻"势，也可采取以防卫为主的"守"势。对于合情合理但目前还无法做到的要求，可以"拒此应彼"。即在拒绝对方这个要求的同时，为了补偿他，减少他的遗憾和失望，可以真诚地为他提供一些意见，如实告诉对方，经过努力，等一切条件都具备了，问题自然就会迎刃而解。事情若是经由他自己的努力便可以达成的，那你的拒绝也许会变成他进步的动力。但若事情受许多客观条件的限制，非他个人的努力所能改变的，那你也应该给他多点希望和鼓励，使对方感到虽然这件事无法完成，但工作还是

第七章 精准沟通，不啰嗦的表达艺术

有意义的，生活还是美好的，从而发现你那乐于助人的"侠义心肠"。这份情义仍然是可贵的。

在人际交往中，自己无把握的话不要说，言不由衷的话不要说，伤人的话不要说，无中生有的话不要说，恶言恶语不要说，伤情感的话不要说，造谣的话不要说，粗言秽语也不要说。

若是到了非说不可时，那么你所说的内容、意义、措辞、声音、姿势，都不可不加以注意。什么场合应该说什么？怎样说？都应该加以研究。无论是探讨学问、接洽生意、交际应酬、娱乐消遣，从我们口里说出的种种话，一定要有重心，要具体、生动，不鸣则已，一鸣惊人。即便不一定能达到这个境界，但我们只要朝这个目标走去，是会有发展、有收获的。

必须知道，为了保证你的话被人所重视，永不使人讨厌，唯一的秘诀是说适量的话、恰当的话。说适量的话能使你静静地思索，使你说出的话更精彩、更动人。

做一个忍耐的听众，是待人处世当中一项重要的条件。因为能静坐聆听别人意见的人，必定是一个富于思想和谦虚的人。这种人在人群之中，起初也许不大受人注意，但最后总会受人尊敬。因为他虚心，所以为众人所喜欢；因为他善于思维，所以被众人所信任。

第八章 把握分寸，不失礼的表达艺术

只要把握好说话的分寸，你就掌握了开启成功之门的钥匙。能说话不等于会说话，会说话不等于懂分寸。只有把握说话的分寸、力度，才能把话说到人的心坎儿上，才能达到"一语惊起千层浪"的效果！

第八章 把握分寸，不失礼的表达艺术

1. 把解释说得圆满一些

由于个人原因或其他方面的差异，日常生活中有时需要对别人做出各种各样的解释。普通人不可能去请一位专门的发言人，如何把解释说得圆满就靠平时的积累，只要你语言得体，定会有一个圆满的解释。

在社交场合中，解释是必不可少的。例如，上班迟到了，需要向领导解释迟到的原因；别人不同意自己的一种观点，需要做进一步的解释；别人对自己产生误解了，需要解释自己的动机和目的等等。那么，怎样才能使解释获得预期效果呢？这就需要遵循一定的原则，运用一定的语言表达技巧。

（1）实事求是，有理有据。

要使解释获得预期效果，首先必须遵循实事求是、有理有据的原则。因为解释的目的在于解疑释难、澄清事实、使人信服。为了达到这一目的，解释就必须实事求是，如实地陈述事情的原委，做到有理有据。当然，有时候由于真实情况难以直言，也可以采用委婉含蓄的语言，说明不便直言的原因，请对方谅解。但是，决不能编造理由，寻找借口，强词夺理。那样，即使说得天花乱坠，也难以令人信服，可能还会招致对方的反感与驳斥。总之，要使解释获得预期效果，就必须做到实事求是、有理有据，如实向对方讲清事情的原委，表明自己的态度。这样，解释才能令人信服，才能达到沟通的效果。

（2）表达清晰，条理分明。

解释是解疑释难，澄清事实，使人信服。既然如此，那么，表述就必须清楚明白，否则，不仅达不到预期目的，甚至还会产生新的误解。

那么，解释时怎样才能做到清楚明白呢？关键在于做到条理分明，尤其是解释错综复杂的情况时，要把它说得有条不紊。具体说来，在解释前，要考虑到语句的顺序，先说什么，后说什么，要做到心中有数，不能兴之所至，随口道来，以防止解释后更加糊涂的情形出现。一般地说，事情总有个起因、发展和结果这样的过程。在解释时，就可以按照这个过程的先后顺序进行。在词语句式的选择方面，解释中应尽量少用"也许""大概""可能"之类的模糊词语，少用同音词；同时，句子要多用完全句，不要随意省略成分。否则，就可能出现越解释越糊涂的问题。在言语的表述方面，也要讲究技巧。比如，有些事情，如果直言解释，可能会伤人情面，影响关系，那就应该采用委婉含蓄的表述方式，使之容易为对方所接受。不过，虽然表述方式是委婉含蓄的，但表意一定要清楚明白，否则容易产生负面效果。此外，在表述时，采用"同义替换法"，即同一个意思换一种说法，效果也是很好的。总之，既要表述清晰，又要言语委婉，这也是解释时必须遵循的一条重要原则。

（3）语态谦恭，语气和缓。

古人云："感人心者，莫先乎情。"解释这种口语活动特别强调双方的情感融洽，双方情感越融洽，解释的话就越入耳入心，就越能使人信服。所以，解释所必须遵循的又一条原则，就是语态谦恭。所谓语态谦恭，就是在解释时，要特别注意语言的感情功能，用情感感染对方，达到情感融洽，使对方相信自己的解释。

要做到语态谦恭，首先搞好心理沟通。在解释时，如果能够站在对方的立场上，从对方的利益出发，那么对方就会把你当成"自己人"，从而相信并接受你的解释。一旦对方把你当成了"自己人"，就标志着双方情感已经融洽，心理已经沟通，解释工作就好做了。其次，语气要和缓。在解释时，既不能使用质问的语气，更不能使用轻视或嘲弄的语气，应采用和缓的、商量的语气。要知道，语气如何，直接关系到解释工作的成效，因此必须加以注意。

2. 表达感谢，及时主动

在与人交往的过程中，如果有让我们感到很感激、很高兴的事，就要立刻表达出来，用语言、态度、最真挚的笑容来传递感谢的心情。我们收到礼物时要立刻打开，当场表示感谢。不必顾虑打开刚收到的礼物会失礼，开心的表情就是对赠予者最好的回馈。

受到邀请、得到好的推荐、被给予好的工作机会，这种时候都要立刻表达出感谢的心情。不必担心为此而表现出高兴会被人看轻，刻意压抑感情，显出很沉得住气的样子，其实是毫无必要的。生气等消极情绪必须暂缓释放以使其冷却，但欣喜、感谢等积极情绪，还是真诚地表达出来为好。

尤其当他人很亲切地对待自己、在工作上提供帮助、把某人

学会表达 懂得沟通

介绍给自己、提出非常有用的建议的时候，一定要告诉对方这些对自己是多么有意义。这些不仅可以直接告诉对方，还可以向对方非常在意的人表示"上次，从A君那里得到了非常好的建议，十分感谢"，这比直接向本人说更能表达出感谢之意。

对助人者来说，知道自己被感谢，知道自己做的事情很有用、很受欢迎，心情也会变得愉快、感到自豪，这会促使他更乐于助人。

一声真诚的"谢谢"虽然只有两个字，却体现了人与人之间的配合与默契。正确、恰当地道出"谢谢"，有以下几种方法。

（1）诚心实意。

当你确实从内心深处产生感谢对方的愿望时再说出"谢谢"，才能显示出你的真心实意，并赋予感谢以感情和生命。最能显示你的谢意是真诚的，莫过于在"谢谢"二字前面加上附加的修饰词，如"真是太谢谢您了""十二分地感谢您的无私援助"等。或者用重复的句式，如"谢谢，谢谢，谢谢您了"。

（2）直截了当。

向对方表示谢意的最好方式是直接、当面，不要委托别人，也不要含糊其词地让人听不明白，更不要怕别人知道你要向他道谢而不好意思。例如"上次孩子入托，多亏了你的大力帮助。尤其是孩子年龄差一点，这一关，要不是你多次给我疏通，我恐怕还得在家哄孩子玩呢！真是太感谢你了……"感谢者不仅直接面向被谢者，而且把因为什么而感谢说得重点突出，让对方从中也生出一种自己有能力办大事的自豪感。看来，直截了当不仅在于方式，也在于"谢谢"之语中的具体内容。当然，在有外人的场合或不便直截了当地说出感谢的内容时除外。

(3)指名道姓。

这是让你的感谢专一化的一种有效方式,可以更加打动被感谢者的心,使之在更大程度上相信和接受你的感谢。比如"王正亮,我真得好好地感谢你啊!别提了,要不是你连着上局里跑了三次,我那级工资就算打水漂了!走,我请你上海鲜馆吃一顿……"

如果你要感谢一同帮你办事的几个人,那就不仅仅要说概括性的"谢谢大家",而且要一个一个指名道姓地向他们道谢。这种事千万不要怕麻烦,有几个应该感谢的就逐个按照他们的职位、年龄或与你的亲近程度一个一个地给他们"点名"感谢,这就使被感谢者知道你是一个重情重义的人,以后会更乐意与你交往。

(4)出人意料。

出人意料指的是当对方没有想到或本来感到这件小事不值得感谢的时候,你却对他们道出了真诚的"谢谢"二字。也许对方甚至根本没有故意为你做什么事;也许对方只是无意或者顺带在做其他事时使你的事也成功了。对于这些,你都不必吝啬你的感谢。比如,小王在下班回家的路上顺便帮小李买了份《中国电视报》,小李见到小王后就谢道:"谢谢你!我在每天晚上看电视的时候就会想起你!"

(5)主动及时。

这是从感谢者的道谢态度和时间上来说的。及时是说感谢者要在别人为你做事后,在最短的时间内去表示感谢。主动是指要主动找上门去,上对方所在单位或家里去亲自道谢,而不要在路上遇见或偶然在某个公共场合想起来才表示感谢。虽然同样是

学会表达 懂得沟通

"谢谢"二字，主动及时地上门道谢和被动、偶尔相逢才想起道谢的效果是截然不同的。比如，当你得了别人的帮助或事情已有了好的结局时，就可以马上登门道谢："王科长，我今天是无'谢'不登三宝殿哪！您可帮了我——不，您可帮了我们全家的大忙啦！我爱人昨天听到信儿后就催着我来向您致谢，我儿子也说：'代我谢谢王叔叔！'所以说，我今天来是代表我们一家三口来的，真诚地谢谢您……"试想一下，如果这番话放在几个月或半年以后再说，或者不是去王科长家里，而是偶尔在路上相逢才说出，谁会相信这"谢谢"二字的诚意呢？

（6）把握分寸地道谢。

把握分寸就是根据对方对你帮助的事情的大小，根据你所受益受惠的程度高低，力求适度地表达你的谢意。这样对感谢者与被谢者双方均有好处：感谢者可以恰到好处地表达谢意，被谢者也可以从中掂量出自己为他人付出劳动的多少和得到感谢的回报程度，既不会有受宠若惊之感，也不至于有劳而无功、不受尊重的心凉之感。比如，别人为你打了一份盒饭、捎来一件衣服或送你一本书刊、一束鲜花，对这类事情你的感谢要自然而随和："谢谢您，这束花真漂亮！""谢谢，这本书正是我想看的！太好了！"而当别人帮你的孩子进了重点学校，帮你的爱人调到了离家近、效益好的单位，对这类生活工作中的大事，你的感谢就应当庄重、认真而诚恳、细致："李主任，我真不知道怎样来感谢您！您为我孩子上学的事，磨破了嘴，跑断了腿！我听教育局的小王说，您光跑教育局就不下七八趟，真难为您了！再说您也是间接的关系，那求人的难处苦处都让您尝遍了。唉，我真不知如何来报答您啊……"感谢的话说到这样的地步，也算是说到家了。

第八章 把握分寸，不失礼的表达艺术

3. 抬杠是沟通中的绊脚石

沟通中，无论对方意见与你是否相同，你都要加以尊重，以高度的气量容人，不要意气用事和对方抬杠，这有碍沟通的继续。

法国大哲学家罗斯费柯说：与人谈话，如果把自己说得比对方好，便会化友为敌，反之，则可化敌为友。说服别人不应居高临下，"灌输"自己的一套观点，压别人接受。有很多时候，恰恰需要让别人先说。一方面是表示你的谦逊，使别人感到高兴，另一方面你可以借此机会，观察对方的语气神色及来势，给自己一个测度的机会，这不是两全的方法吗？可是有许多人，说服别人总是好像要压倒对方，或者使对方感到自己是一个不平凡的人物；同时有许多人一开口说话便滔滔不绝，自以为是一个长于口才者，须知别人会因此对你产生不好的印象。这样的说服变成了压服，完全是你说人听，你将不受人欢迎，人们对你只有避而不见了。

许多人常常喜欢表示和人意见不同，因此得罪了许多朋友。

如果你常和别人意见相反，不管是在家中，还是办公室，或是市场上，这个习惯都要改。林肯说过："不论人们如何仇视我，只要他们肯给我一个略说几句的机会，我就可以把他说服！"诚然，任何人都喜欢坚持相信自己已经相信的事物，而不希望别人来加以反对。凡是有人对我们表示反对的时候，我们一定要寻找许多的方法，许多的理由来辩证保护。所以，你在说

学会表达 懂得沟通

话的时候,如果一开始就说:"我要证明这个""我要证明那个",这并不是聪明的办法。这样,你显然就站在了别人的对立面了。假使你一开始就不站在别人的对立面,然后再回答别人提出的问题,沟通就容易多了,这好像在和他人共同探讨问题的答案,然后再把你观察得十分透彻的事实提出来,使别人在不知不觉中接受你的结论,并对你有了十分的坚信。

那么,如何预防这种互相"抬杠"的局面产生呢?应把握以下几个方面:

(1) 有所选择的原则。

作家尤今说得好:"两个人谈天,就像一对齿轮在转动,能不能相互啮合,全看缘分。碰上好的谈话对象,一壶茶、一把瓜子,天南地北,痛快淋漓。你说出来的,他懂;你没有说出来的,他也懂。偶尔,一个眼神眼色,一个微笑,双方便能不约而同地说出同一句话来。嗳,真是快活哪!"尤今妙笔生花,为我们描绘了一个"心有灵犀一点通"的谈话境界,真有点可遇而不可求。

然而,只要在自己的生活圈子中,善于选择合适的交谈对象、恰当的时机、温馨的地点,一般都能达到预期的交谈目的。好的交谈对象不是"碰"上的,是"觅"来的。守株待兔,永远会是孤家寡人的自言自语,心里独白。

(2) 适可而止的原则。

俗话说:天下没有不散的宴席。同理,天下也没有说不完的话题,无论多么美妙动听的谈话,总有终结的时候。"鹤胫虽长,断之则悲;凫胫虽短,续之则忧。"

交谈更应是有话则长,无话则短。马拉松式的交谈,不但让

第八章 把握分寸，不失礼的表达艺术

人感到乏味，也不利于人们的身心健康。唠唠叨叨，软磨硬泡，废话连篇的交谈，无疑是制造痛苦。尤其是一方情绪不佳，身体不适，更应该及早把话匣子关闭。

（3）求同存异的原则。

人们往往喜欢把自己的观点强加于人，总是觉得自己的想法比别人的更高明。"说服欲"在交谈中不知不觉地膨胀起来，表现为不尊重对方的意见，非让对方认同自己的观点才罢休。这种想法不但错误而且有害。无论是志同道合的好友，还是恩爱无比的夫妻，思想上总是有差异的。如果两个人的想法总是一模一样，其中一个人的存在就是多余的了。

罗斯福曾说过："如果自己所确信的事，有75%的正确性，就应该觉得非常满意了。而75%也是最大的限度，不能再向上提高了。"

因此，在交谈中各抒己见，取长补短，求同存异是十分重要的。否则，只能制造麻烦和不快。

4. 闲谈时莫论别人是与非

人们爱扯闲话，从闲话当中得到别人对自己的欣赏就大为高兴。但如果听到贬斥就会对说话之人怀恨在心。说闲话可以，但你要记住的是，闲谈莫论别人是与非。

人们平时所说的"闲言"，指的是社会上有关于自己的闲话。这种闲话别看与正事无关，无伤大雅，但话头话尾之间，却对你的为人处事和言行举止颇有微词，这就对你有不利之处。

所以，社会上出现的某些关于你的闲言切不可置若罔闻，等闲视之。

具体来说，闲言有如下两大特点。

一是休闲性，即休息时或无事可做时与人闲聊，以此增加生活情趣，缓解心理压力。有人也把闲聊叫作"侃大山""扯淡""乱嚼舌头""摆龙门阵"，如果某人因闲聊惹出了是非和麻烦，老百姓就会说"那是吃饱撑的"，意思是因胡吹乱侃而得罪了人或惹出了事端。这种人真是"吃的是自己家的饭，聊的是别人家的天"。

二是随意性，即闲扯的话题一般没有明确的目的，不带有处心积虑的褒贬指向，通常是想到哪儿说到哪儿，嘴巴没遮拦，信口开河，随兴所至。开始聊的是张家长，后面接下来的可能便是李家短了。在日常生活中，人们对"闲言"是很忌讳的，"闲言"二字常常跟"碎语"结合在一起，这就充分说明了闲言所具有的随意性和令人讨嫌的特点。所以，世人对此也多有告诫，有道是"宁可扯玄的，不可扯闲的"。玄话是不着边际或让人听不懂的话。听话的人不懂，也至多是不懂而已，总不会牵扯到其他的人或事。但闲话就不同了，涉及某人的长短和某事的是非，或迟或早传扬开去，可能就会产生对某人或某事不利的后果。

那么，我们在生活中应该怎样对待有关自己的闲言碎语呢？

（1）事前规避法。

与其四处去封别人的嘴，莫不如先封住自己的嘴。别人之所以会拿你当作说闲话的材料，也许是因为你在为人处事或举止言谈上确有不检点之处。想一想，你在别人面前可曾评论过别人的是非，可曾说过别人的闲话？你在社会上可曾有过有损于他人尊

第八章 把握分寸，不失礼的表达艺术

严或有损于自己品格的行为？如果你说过或做过，就说明你在说话或处事上有失当之处，如果你寄希望于让别人原谅你的过失，你就太天真了。要知道，社会上的人并不都是你的朋友，也并不都是你的亲戚，你凭什么指望别人不说你的闲话呢？人说隔墙尚且有耳，有风定然起浪，更何况，社会上还有些人善于捕风捉影，喜欢吹毛求疵，鸡蛋里也要挑骨头，你若不把握分寸，不检点自己的言行，怎么会封住别人的嘴而不说你闲话呢？所以，重要的是要把握好自己。

（2）事后疏导法。

当社会上已经出现了关于你的闲话，你该怎么办呢？这要从两个方面分别来看。

一是闲话所言确有其事。这种情况完全是由于你自己言行不检点而造成的。不管别人带着恶意或者善意，你都应该平心静气地面对。当然，如果有些闲话仅仅是别人猜中的，并没有明确的根据，你也可以干脆不承认。倘若问题属实，但并不严重，也不妨承认错误，在别人面前自我批评或自我嘲笑，不但可以得到别人的谅解，还可以给人留下你这人特别坦诚的印象。当然，疏导闲话还有一个小小的技巧，就是你所作的解释要尽可能找一个对你没有偏见而且特别喜欢到处传话的人去说。因为好传话的人会很快把你解释的话传扬开去。一个人知道了，整个单位的人也就全知道了。

二是闲话所言未有其事。这是别人对你的妄言妄语。这类闲话是怎么产生的呢？第一，源于对你的误解。你的所言所行引起了别人的误解，别人在对你察言观行时理解偏差有误，于是以讹传讹，有悖于你本意的闲话便产生了。第二，中途变味。即开始

说的闲话都是你的本意,而传至中途,面目全非,话变味了。这两种情况都是未有其事的闲话,对这类闲话要明确否定其中的误解点和变味处,向别人分析误解和变味的原因,以争得别人的认同,从而避免此类闲言继续传播。

5. 用得体的安慰平复别人的创伤

在别人遇到不快或是悲伤的事时,就是安慰的话发挥作用的时候了。安慰人谁都会,但每个人的效果却不一样。安慰也需要好的口才技术,只有如此,才能以最快的速度平复别人内心的创伤。

我们怎样才能在某个人处于困难时对他说出得体的安慰的话呢?虽然没有严格的准则,但有些办法可使我们衡量情况和做出得体而真诚的反应。这里是一些建议:

(1)留意对方的感受,不要以自己为中心。

当你去探访一个遭遇不幸的人时,你要记得你到那里去是为了支持他和帮助他。你要留意对方的感受,而不要只顾自己的感受。

不要以朋友的不幸际遇为借口,而把你自己的类似经历拉扯出来。如果你只是说:"我是过来人,我明白你的心情。"这当然没有什么关系。但是你不能说:"我母亲死后,我有一个星期吃不下东西。"每个人的悲伤方式并不相同,所以你不能硬要一个不像你那样公开表露情绪的人感到内疚。

(2)尽量静心倾听,接受他的感受。

第八章 把握分寸，不失礼的表达艺术

丧失了亲人的人需要哀悼，需要经过悲伤的各个阶段和说出他们的感受和回忆。这样的人谈得越多，越能产生疗效。要顺着你朋友的意愿行事，不要设法去逗他开心。只要静心倾听，接受他的感受，并表示了解他的心情。有些在悲痛中的人不愿意多说话，你也得尊重他的这种态度。一个正在接受化学治疗的人说，她最感激一个朋友的关怀。那个朋友每天给她打一次电话，每次谈话都不超过一分钟，只是让她知道他惦记着她，但是并不坚持要她报告病情。

（3）说话要切合实际，但要尽可能表示乐观。

泰莉·福林马奥尼是麻州综合医院的护理临床医生，曾给几百个艾滋病患者提供咨询服务。据她说，许多人对得了绝症的人都不知道说什么才好。

他们说些"别担心，很快就会好的"之类的话，明知这些话并不真实而病人自己也知道。

"你到医院去探病时，说话要切合实际，但是要尽可能表示乐观。"福林马奥尼说，"例如'你觉得怎样？'和'有什么我可以帮忙的吗？'这些永远都是得体的话。要让病人知道你关心他，知道有需要时你愿意帮忙。不要害怕和他接触。拍拍他的手或是搂他一下，可能比说话更有安慰作用。"

（4）主动提供具体的援助。

一个伤感悲痛的人，可能对日常生活的细节感到不胜负荷。你可以自告奋勇，向他表示愿意替他跑腿，帮他完成一项工作，或是替他送接学钢琴的孩子。一位有个小女孩的离婚妇人琼恩说："我摔断背骨时，觉得生活完全不在我掌握之中，后来我的邻居们轮流替我开车，使我能够放松下来。"

（5）要有足够的耐心。

丧失亲人的悲痛在深度上和时间上各不相同，有的往往持续几年。一位寡妇说："我丈夫死后，儿女们老是说，'虽然你和爸爸的感情一直很好，可是现在爸爸已经过去了，你得继续活下去才好。'我不愿意别人那样对待我，好像把我视作摔跤后擦伤了膝盖而不愿起身似的。我知道我得继续活下去，而最后我的确活下去了。但是，我得依照我自己的方法去做。悲伤是不能够匆匆而过的。"

在另一方面，要是一个朋友的悲伤似乎异常深切或者历时长久，你要让他知道你在关心他。你可以对他说："你的日子一定很难过。我认为你不应该独立应付这种困难，我愿意帮助你。"

（6）对不同的人采取不同的安慰方式。

安慰能给不幸者以温暖、光明、力量，帮助他分担痛苦，减轻精神重负，重振前进的勇气。给予不幸者以安慰，是为人处世的一种美德。当至亲好友遭到不幸时，及时送上真诚的安慰，更是你应尽的责任。

探望身患重病的不幸者，不必过多谈论病情。有关的医疗知识，医生已经有交代、说明，无须你再多言。如果对方本来就背着重病的精神包袱，你再谈及过多，势必包袱加重。你应该多谈病人关心、感兴趣的事，以转移对方的注意力，减轻精神负担，如能尽量多谈点与对方有关的喜事，好消息，使他精神愉快，心宽体胖，更有利于早日康复。医生送去治疗身体的良药，亲友送去温暖人心的情感，都是根治重病必不可少的。

对于因生理缺陷或因出门在外、门第等原因被人歧视的不幸者，由于不幸的原因有些是先天的并非全是人为的，劝慰时应多

第八章 把握分寸，不失礼的表达艺术

讲些有类似情况的名人的事迹，鼓励他不向命运屈服，抵制宿命论的思想影响。使他坚信只要充分发挥人的主观能动作用，仍然能够争取人生的幸福，实现人生的价值。

安慰丧亲的不幸者，不要急于劝阻对方的恸哭，强烈的悲痛如巨石压在心头，愈久愈重，不吐不快。让其宣泄、释放出来，反而如释重负，有利于尽快恢复心理平衡和平静状态。你应当注意倾听对方的回忆、哭诉，并多谈谈死者生前的优点、贡献，人们对他的敬意、怀念。死者的生命价值愈高，其亲属就愈感宽慰，并有可能化悲痛为力量，去发扬死者生前的优点，去完成死者的未竟的事业。

对于胸怀奇志而又在事业上屡遭挫折、失败的不幸者，最需要的是对其强烈事业心的充分理解、支持。对他们，理解应多于抚慰，鼓励应多于同情，怜悯是变相的侮辱，敬慕是志同道合的体现。你不必劝慰对方忘掉忧愁、痛苦，更休想说服对方随波逐流，放弃他的理想追求。最好的安慰，是帮助对方总结经验教训，分析面对的诸多有利和不利条件，克服灰心丧气的情绪，树立必胜的信念，并共同探讨到达事业顶峰的光明之路。这就要求你对他所从事的事业有一定的了解，称得上是名副其实的知音。

6. 争论中永远没有赢家

争论中永远没有赢家，你赢了，对方不愿再跟你交往下去。你输了你就对对方有所顾忌，这是一个两败俱伤的结局。所以，永远不要卷入争论，以宽容之心待人。

学会表达 懂得沟通

相容是人与人之间相处应该遵循的一个极为重要的原则,能不能做到相容,不仅直接关系到一个人人缘的好坏,而且还影响到人与人之间是否能够得以顺利沟通。

有一次在报上看到这么一则消息:楼上楼下邻里之间,因不注意,住在楼上的人老是把地板弄得"嘎吱嘎吱"作响,常常把楼下正在午睡的女子惊醒。她心里很气愤,便心生一计:拿出一张纸,在上面画一个人,写上对方的姓名,然后大大划了个"×",悄悄上楼贴在对方的房门上。她刚贴好,正要转身下楼,楼上主妇买菜回来,与她撞个正着,见此情境,两人厮打起来,从此,两家成了仇人。

卡耐基十分重视相容原则在人际交往中的运用。他认为,不相容必然导致双方的争执和争论。他说:任何人都赢不了争论,"十之八九,争论的结果会使双方比以前更加相信自己是绝对正确。你赢不了争论。要是输了,当然你就输了;如果赢了,还是输了。为什么?如果你的胜利,使对方的论点被攻击得千疮百孔,证明他一无是处。那又怎样?你会觉得洋洋自得,但他呢?你使他自惭。你伤了他的自尊。他会怨恨你的胜利。而且,一个人即使口服,但心里不服。因此,从争论中获胜的唯一秘诀是避免争论。"

为此,卡耐基提出九点建议,对你或许会有所帮助。

(1)欢迎不同的意见。

因为不同意见往往是人们避免重大错误的最好机会。青年人考虑问题往往欠周到,这时听一下别人不同的意见,或许会起

第八章 把握分寸，不失礼的表达艺术

到意想不到的作用。如果你为父母的唠叨而厌烦，或者为周围人的固执而大伤脑筋，这时，请记住：不同意见恰恰是你没有想到的。

（2）不要轻易相信自己直觉的印象。

直觉的印象也就是第一感觉的印象。当别人提出不同意见的时候，人们的第一反应就是自卫，即保护自己的想法和自尊心。这种自卫常常使我们的直觉缺乏科学性。

（3）控制自己脾气的爆发。

发脾气根本不能帮你解决任何问题，相反，它只能激怒对方，加剧双方的防卫和对抗。

（4）先听为上。

让反对者有说话的机会，让他把话说完，不要拒绝、保护和争辩。否则只会增加彼此沟通的障碍。只有先听，听了以后才有可能沟通。不听，也就失去了沟通的基础和依据。

（5）寻找你同意的地方。

当听完反对者的陈述后，先看看哪些是你同意的地方，寻找双方的共同点。有了共同语言，沟通起来就容易得多。

（6）一定要诚实。

当发现自己错了时，不要掩盖自己的错误，要很快地、很热烈地承认，这样，可以有助于解除反对者的武装，减少他们的自卫。

（7）同意仔细考虑反对者的意见，切勿指出对方错了。

同意是出于真心。如果有朝一日反对者对你说："我早就告诉你了，你就是不听。"那时你就难堪了。如果你说他错了，他不但不会听你的，还伤了他的自尊心，导致人际关系紧张。

(8)为反对者关心你的事情而真诚地感谢他们。

肯花时间表达不同意见的人,必然和你一样对同一件事情感到关心,这说明你们俩有共同的兴趣。因此,把他看作帮助你的人,或许可以把反对者转变为你的朋友。

(9)延缓采取行动,让双方都有时间把问题考虑清楚。

要反复地问自己:"反对者的意见可不可能是对的?他的立场和理由是不是有道理?我的反应是不是有利于解决问题?我将会胜利还是失败?这个难题会不会是我的一次机会?"这样,在双方都有时间把问题考虑清楚的情况下,再做出决定,往往是比较成熟的。

中国人最爱面子,尤其是青年人,年轻气盛、自尊心很强,常常为一点小事争得面红耳赤,互不相让。有时即使意识到自己错了,但为了保住面子,也要无理搅三分,甚至不惜攻击对方的人格。这样的争论对人际关系是有百害而无一利的。

相容是一种待人处事的原则。一个人能不能做到相容,跟他的修养、性格、气质等多种因素有关。一般说来,文化素质高,道德品性好,性格开朗,气质安静沉稳的人,往往有比较强的相容性。就拿人的气质来说吧,多血质和黏液质的人,其相容性要高于胆汁质和抑郁质的人。因此,要想做到相容,并不是一件容易事,它需要我们在许多方面做出努力。

第八章 把握分寸，不失礼的表达艺术

7. 察言观色，话说有度

我们在交流中，都不是自己的"一言堂"，双方思想的碰撞才能产生更强大的力量。这要求在与别人谈话时，要耐心地倾听别人的意见，要善于"察言观色"，注意对方的姿势、态度、表情等。该讲则讲、该停当停。

会说话，不仅仅是提问和回答，还要依照不同场合、不同人群、不同风俗、不同背景自然表达，因人而异，只有这样你才能八面玲珑，处处"吃香"。

因人而异，主要从几个方面把握：

（1）看性别说话。

性别不同，对言辞的接受也有差别。俄罗斯有一句谚语说："男人靠眼睛来爱，女人靠耳朵来爱。"这就指出性别对于接受是有影响的。

在说话者言辞接受的程度上，一般说来，男士较能承受率直、干脆、粗放、量重的话语，而女士则喜欢委婉、轻柔、细腻、量轻的话语。说话者必须依据接受对象的性别选择自己的表达方式与程度。

在通常情况下，说话者如果是男士，而接受者又并非自己的妻子、恋人或关系很密切的姐妹，那么言辞就应当严格把握分寸，在内容上、方式上都要充分注意女性的接受特点。对一些可以向男士说的话，就不一定能向女士说；对一些可以向男士使用的表达方式，就不一定用之于女士。

（2）看教养层次说话。

教养是指接受对象的一般文化和品德水准，包括文化程度、知识积累、生活阅历、涵养气度等。教养层次不同，对说话者言辞的接受程度也不同。有些话说出来，甲听得懂，理解得了，乙就可能听不懂，理解不了，说话者在进行言辞表达时，要认清自己的接受对象教养层次如何，盲目表达不仅达不到说话的目的，甚至会弄巧成拙，贻笑大方。

（3）看性格说话。

人各有其情，各有其性。言辞表达的内容与方式必须因人而异，符合接受对象的脾气、性格，才有可能产生"同声相应，同气相求"的效果。

性格外向的人易于"喜形于色"，性格内向的人多半"沉默寡言"。同性格外向的人谈话，你可以侃侃而谈，同性格内向的人谈话，则应注意循循善诱。两千多年前，孔子就注意针对学生的不同性格来回答他们的问题。

有一次，孔子的学生仲由问："听到了，就去干吗？"孔子回答说："不能。"另一个学生冉求也问："听到了，就去干吗？"孔子说："干吧！"公西华听了有些疑惑，就问孔子："两个人问题相同，而你的回答却相反。我有点儿糊涂，想来请教。"孔子答："求也退，故进之；由也兼人，故退之。"（意思是，冉求平时做事好退缩，所以给他壮胆；仲由好胜，胆大勇为，所以我要劝阻他。）

可见，孔子诲人不是千篇一律，而是因人而异，特别注意学

第八章 把握分寸，不失礼的表达艺术

生的性格特征的。日常生活、公关活动等各方面的交谈也要注意这一点。

（4）看对方心境说话。

人际交流中经常会有"言者无意，听者有心"的情况，说话不注意洞察对方的心理状态，往往会产生意外的问题。

《红楼梦》第八十三回写到大观园中一个婆子教训自己的外孙女："你这不成人的小蹄子！你是个什么东西，来这园子里头混搅！"这话恰好被黛玉听到，她误认为婆子骂她，于是大叫一声道："这里住不得了！"直气得"两眼反翻上去"。

婆子的话本来是不让外孙女到大观园中来，但黛玉不这么想。她那种寄人篱下的特定处境和心态使她产生了误会。所以同样一句话，不同的人听来感受完全不同。

（5）看地域说话。

地域指的是接受对象所处的地理位置，包括国别、省别、族别等。不同的地域有不同的地域文化，彼此在认识、观念、习惯、风俗上都有区别，对说话者言辞的接受就会有所不同。说话者在进行言辞表达时，应当认清接受对象的地域性，才会产生良好的交际效果。

《尹文子·大道》讲了这么一件事：郑国人把未经加工处理的玉叫作"璞"，东周人把还没有腌制成干的老鼠叫作"璞"。郑国的一个商人在东周做买卖，一个东周人问他："你要不要买璞？"郑国商人说："我正想买。"于是东周人从怀里掏出一只老鼠递上。郑国商人赶快辞谢不要。东周人在作言辞表达时，没有认清其接受对象是郑国人，所以买卖没能成功。

地域不同而对言辞接受也有不同的要求，在世界上的表现大

211

学会表达 懂得沟通

体有：欧洲人不喜欢听涉及自己的政治倾向、宗教信仰、年龄状况（女性更重）、家庭私事、行动去向等问题的话，忌讳"13"和"星期五"。

朝鲜、韩国、日本人忌讳别人说"4"。

阿拉伯人喜欢听"星期五"。

泰国人喜欢"9"。

菲律宾人不愿谈论政治、宗教及腐化问题。

赞比亚人爱听尊称，最好加上职务和头衔。

新加坡人不爱听"7"，反感别人对自己说"恭喜发财"，忌讳谈论关于猪的话题。

扎伊尔人喜欢听随和、爽快、恭维的话。

俄罗斯人喜欢听尊称、敬语、谦辞，倾心于"女士优先"的话题。

突尼斯人喜欢别人在各种场合同自己打招呼，而且问候得越长、越久、越具体越好。

在中国各地的表现大体有：香港人爱听吉祥话，涉及福、禄、寿的都很喜欢，乐于别人随时随地对他说"恭喜发财"。喜欢"3""6""8"等数字。忌讳别人打听自己的家庭住址、工资收入、年龄状况。忌讳语也较多，如"炒包饭""炒鱿鱼"，有解雇、开除之嫌，听之不吉利；"猪舌"有蚀本之嫌，改叫"猪利"；"丝瓜"有输光之嫌，改叫"胜瓜"。

澳门人喜欢听别人说话干脆，直截了当，不爱听转弯抹角、吞吞吐吐的话语。

蒙古族人喜爱白色，爱谈与白色有关的话题，高兴别人来祝福；最厌恶黑色，忌讳别人谈论黑的话题。

第八章 把握分寸，不失礼的表达艺术

彝族人忌讳背后议论别人的短处，特别是别人的生理缺陷。

维吾尔族人谈话以长为先，亲友见面互道问候语。

因地域不同而产生的表达差别，甚至在同一个民族、同一个省区的不同位置，也有表现。比如，不同地方的人对西红柿的叫法不同，贵阳人叫毛辣角，遵义人叫番茄，兴义人叫酸角，独山人叫毛秀才。说话者如果不区分这些地域上的差别，说话目的就难以实现。有些严重的差异，如不分清，甚至还会对说话者产生严重的后果。

所以，一个人要想使自己说出的话引起对方的重视或取得对方的认可，必须得把握好说话对象的分寸，即见什么人说什么话。